RICHESSE DE LA PAUVRETÉ

Sœur EMMANUELLE
avec Philippe Asso

RICHESSE DE LA PAUVRETÉ

ÉDITIONS FRANCE LOISIRS

Édition du Club France Loisirs,
avec l'autorisation des Éditions Flammarion.

Éditions France Loisirs,
123, boulevard de Grenelle, Paris
www.franceloisirs.com

ISBN : 2-7441-5647-7

Introduction

Au cœur du paradoxe

De retour en Europe en 1993, après vingt-deux ans passés dans trois bidonvilles du Caire, je sortais des lieux parmi les plus pauvres du monde. Le travail y était harassant et peu productif, on y vivait sans eau ni électricité dans des cabanes de vieux bidons, et pourtant l'atmosphère était joyeuse, dilatée, jubilante même, à l'occasion.

Tombée dans le confort des pays nantis, je me trouve soudain confrontée à une insatisfaction latente : je n'entends que récriminations. Charges, gouvernement, transports, essence, écoles, enfants, conjoints, salaire, travail, tout y passe et repasse, suscitant plaintes et grèves du haut en bas de l'échelle sociale. Le vieux slogan « Métro, boulot, dodo », n'a rien perdu de son actualité, et nombre de personnes ont encore et toujours l'impression qu'il n'y a rien d'autre dans leur vie !

Certes, je suis aussi le témoin horrifié de misères qui me font bondir d'indignation : SDF réduits à la rue, enfants de familles éclatées mal dans leur peau, conjoints abandonnés, spectre du chômage, etc. Personne n'est à l'abri. Mais, tout de même, le pays a bénéficié, depuis 1950, de la croissance la plus forte de l'Europe. Le PIB par habitant est passé de 40 000 francs à 150 000 francs ! Cela ne vous suffit-il pas, vraiment, Français prompts à la grogne ?

Et me voici devant une question paradoxale : chiffonnier du Caire, d'où vient ton bien-être ? Nanti d'Europe, d'où vient ton mal-être ?

Pour moi, c'est tout un drame. En Europe et dans les pays riches, on n'arrive pas à jouir de la vie, alors que chez les plus pauvres, on est épanoui, et chaque minute apporte la simple joie d'exister.

Je me trouve devant un abîme, un trou, profond, dont je ne vois pas la fin. Tout homme sur terre court après le bonheur, mais où donc le bonheur se trouve-t-il ? La pauvreté serait-elle une richesse, et la richesse serait-elle destructrice ? Serait-ce la pauvreté qui fait le bonheur ? Impossible ! Ce n'est pas rationnel, ça ne tient pas.

De plus, cette question me revient comme un boomerang : serais-je par hasard la « bonne sœur » qui prône la pauvreté sur terre pour se dégager des biens éphémères et gagner le bonheur éternel ? « Réjouissons-nous, mes frères, d'avoir moins ici-bas pour gagner plus dans les siècles sans fin ! » Ou, pis encore, aurais-je fait de la pauvreté le « fonds de commerce » de ma vie, comme si elle servait à justifier mon existence ?

Bien sûr que non ! La pauvreté est un scandale contre lequel j'ai toujours et partout combattu sur la planète.

Je me souviens de mes débuts. Jeune religieuse, j'ai demandé à être affectée auprès des enfants en détresse. C'est avec enthousiasme que j'ai reçu ma première mission auprès des bambins de l'école pauvre d'Istanbul, annexée au beau collège de Sion. Dans la classe, nous avions une poupée appelée Cosette. J'étais ravie de voir que Cosette devenait le modèle de mes petites : ensemble, nous la lavions, la coiffions, l'habillions ; un beau jour, les fillettes arrivèrent proprettes comme Cosette. Les élèves riches du collège m'apportaient aussi leur contribution, sous la forme de vêtements et provisions. Mon idéal de justice commençait à se réaliser !

Puis, j'ai été transférée auprès des filles privilégiées des classes supérieures. J'ai compris alors que mon devoir était de les ouvrir à la situation injuste des quartiers misérables de leur belle cité. J'emmenais des volontaires au bidonville de *Teneke mahallesi*. La vue insoutenable de ces malheureux entassés dans des pièces sans lumière et sans eau provoquait au retour des discussions révoltées. Elles commençaient à prendre conscience de leur responsabilité de futures citoyennes. Effectivement, plusieurs d'entre elles, devenues adultes, sont entrées dans la lutte pour plus d'équité dans la nation.

J'ai toujours été outrée devant ce monde partout mal bâti. En Tunisie, je voyais le fellah sur sa bourrique efflanquée prêt à être renversé par la belle voiture du colon propriétaire de sa terre. En Égypte, j'avais le cœur soulevé par l'arrogance de certains touristes qui contemplaient avec une crainte admirative le chameau sur lequel ils se hissaient avec difficulté mais jetaient un regard de dédain au chamelier. Et pour cause : celui-ci n'était qu'un homme ! Gros richards, tonnais-je en moi-même, allez-vous toujours mépriser votre semblable ?

Chaque fois qu'il se passe quelque chose de ce genre, je bondis... Pourquoi ? Suis-je bizarre ? Comment la vie m'a-t-elle amenée à ce regard aigu sur l'injustice ?

Il y a certainement eu un appel. Où en est la source ? Dans mon enfance ? Le germe de ma révolte contre la pauvreté était-il caché dans la crèche de Noël ? J'avais à peine six ans que, voyant l'Enfant Jésus couché sur la paille, je me suis écriée : « Pourquoi lui, sur la paille ? Mon petit frère Julot a eu un joli berceau, ce n'est pas juste ! » Et ma mère de me répondre : « Il a voulu être pauvre, parce que tant d'enfants dans le monde sont pauvres. » Cette phrase a fait tressaillir quelque chose en moi, comme un mystère. Elle s'est gravée dans mon cœur en lettres de feu. Petite fille que j'étais, je portais déjà une blessure d'amour. Trois mois auparavant, j'avais vu mon papa chéri disparaître dans les flots, sous mes yeux... et il n'est jamais revenu. J'étais devenue d'une sensibilité étrange, je pleurais à tout propos. Je souffrais mais je n'en parlais pas, c'était mon secret. La révolte grondait aussi en moi. Pourquoi les autres petites filles ont-elles toujours leur papa ? Et voilà que soudain, sur la paille, m'apparaît un enfant merveilleux, plein de tendresse pour les pauvres. Il me tend les bras *à moi*, comme pour combler mon vide d'amour. Plus tard, au jour de ma consécration religieuse, j'ai voulu passer de mon nom au sien : Emmanuel, « Dieu avec nous ». Ce nom est fêté le jour de Noël. Noël est devenu le phare de ma vie.

L'adolescence a besoin de héros. Dans mes quinze ans, j'admirais le père Damien : il avait choisi de suivre le Christ. Révolté par l'injustice faite aux lépreux jetés sur une île maudite, il s'y enferme avec eux, transforme leur vie et lutte jusqu'à la mort quand il devient lui-même lépreux. Ça, c'est du vrai ! Dès cet âge, j'ai su que, plus tard, il faudrait me battre jusqu'à la mort contre l'injustice que représente toute misère.

À vingt ans, me voici à Londres pour y apprendre l'anglais auprès de ma cousine, religieuse à Notre-Dame-de-Sion. Elle dirige une école dans un quartier défavorisé. Révoltée devant le sort intolérable de ces enfants, je fais alors mon choix de vie : entrer dans cette congrégation où je pourrai aider des enfants en détresse.

Par la suite, j'ai éprouvé les difficultés inhérentes à toute existence humaine, mais j'ai trouvé mon bonheur en me consacrant à l'épanouissement de ces enfants, source incessante de joie.

Et me voilà à nouveau au cœur du paradoxe : comment l'injustice de la pauvreté, mal qui me fait bondir de révolte, au point de vouloir l'éradiquer à tout prix, serait-elle en même temps une source d'enrichissement ?

Au bidonville, je n'avais pas tellement le temps de réfléchir à cette contradiction mais, depuis mon retour, je n'arrête pas de la creuser. J'interroge tous ceux qui me paraissent susceptibles de m'éclairer, et je relis aussi la Bible. Et puis, à mesure que ma relation avec le Christ se fait plus intime au fil des années, sa vie dépouillée me touche de plus en plus.

C'est pourquoi j'essaie, comme le font les personnes âgées, de récapituler mon existence et de comprendre mon identité propre. Je suis un étrange canard : j'ai gardé, à quatre-vingt-douze ans, une réelle faculté d'ébullition devant ce qui me paraît injuste. C'est même un geyser de révolte. Je n'arrive pas à me calmer !

J'écris donc ce livre pour tenter d'analyser ma vision de la pauvreté, ses différents aspects, son caractère paradoxal et parfois même excessif. Je voudrais ici aller au plus profond de ce que m'ont apporté le flux et le reflux de ma vie, la rencontre avec tant de gens dans les cinq continents, le partage de leurs angoisses et de leurs joies, la relation enrichissante avec mes sœurs, la prière et la méditation silencieuses...

Au crépuscule de mes jours, il est peut-être temps de me pencher sur ce qui pour moi est capital, le souffle de mon être, le sens de ma vie : l'amour du pauvre. Il est peut-être temps, aussi, de plonger dans l'abîme devant lequel je me trouve. Le bonheur n'advient qu'à des moments fugitifs. Que serait-ce donc qu'une vie de bonheur ? Qu'est-ce que cela veut dire pour un homme d'être lui-même, d'être heureux ? Le bonheur de l'être humain, où le chercher ?

Chapitre I

Scandale de la pauvreté

Où l'on n'en reste pas au simple constat révolté devant les situations de pauvreté, mais l'on cherche aussi à distinguer quels en sont les différents types et à comprendre leurs causes.

Il y a révolte et révolte. Il m'a fallu des années de confrontations multiples avec la misère pour le comprendre. Il y a une révolte spontanée, viscérale, devant telle ou telle situation. C'est une réaction trop étroite qui s'arrête au temps et au lieu, sans autre horizon. Mais, à force de constater les mêmes faits dans de multiples pays, il m'a bien fallu comprendre qu'ils avaient une même cause. Quelque chose s'est alors déclenché en moi, une vision planétaire et une révolte plus profonde. Réfléchie, elle cherche à s'attaquer à la tête de l'hydre, et non plus seulement à colmater les brèches.

Cette révolte-là est essentielle. Comme elle est incomprise et peu partagée ! En effet, la plupart des hommes sont prêts à répondre ponctuellement à telle ou telle détresse, avec grande générosité parfois. Mais ils considèrent en général que la pauvreté est inéluctable. C'est comme ça : elle fait partie du paysage, de toute société, du système économique.

Au terme de mon parcours, je sens donc la nécessité d'éveiller les consciences : continuons à porter secours, mais n'oublions pas les causes. Le scandale vient en effet d'un ordre planétaire injuste et finalement accepté.

Hurler !

Rien n'éclaire davantage le scandale de la pauvreté que cette constatation lapidaire de la BIT (Banque internationale du travail — rapport 2000) : « 100 millions d'esclaves sont traités comme du bétail. » Je me souviens moi-même de ces enfants du Sénégal qui transportaient, pour un salaire de misère, de gros sacs de calebasses sous lesquels de jeunes ânes auraient ployé. *Very important person*, « VIP », est devenu le terme pour saluer, chapeau bas, les richissimes, mais les 2 milliards d'hommes vivant avec moins de 2 dollars par jour, qui les salue ?

La Banque mondiale a présenté en mars 2000 un autre rapport, *La Voix des pauvres*, après avoir recueilli le témoignage de 60 000 d'entre eux, dans 60 pays. Les pauvres vivent « dans la dépendance, la honte, l'humiliation. Forcés d'accepter des prix fixés par d'autres, ils subissent l'impolitesse, le mépris, la pauvreté non seulement de revenu, mais ils sont aussi exclus de la société ». Voilà quel est le sort de ces « hommes sans voix », comme les appelle l'abbé Pierre.

Cette précarité dans laquelle vivent tant d'êtres humains est un scandale : elle constitue une injustice. En effet, le taux de croissance en l'an 2000 a été de 4,6 % dans les pays riches et de 0 % dans les pays pauvres. Je sais bien que cette notion est trop globale pour rendre compte des réalités locales, mais elle a au moins le mérite de traduire un fait massif. Nous apprenons ainsi avec stupeur que 225 personnes dans le monde ont une richesse égale au revenu annuel de 2 milliards d'humains ! En France, nous avions des millions de chômeurs lorsque Michelin a annoncé tranquillement le licenciement de 7 500 personnes, cependant que des bénéfices records étaient publiés et que les actions montaient en Bourse. Du point de vue de l'« argent », c'était une bonne opération... mais du point de vue de l'« homme » ?

Dans toutes les grandes villes, les uns vivent dans des demeures confortables (avec, parfois, une résidence secondaire) et les autres dans des taudis, ou même dans la rue. Les pauvres sont confinés dans des quartiers pouilleux. Quand j'étais à Manille, j'ai été interdite d'accès dans certaines avenues luxueuses car je n'étais pas assez chic. À Monaco, pas de problème : aucun pauvre ne peut y accéder.

Quel abîme d'injustice côtoyons-nous parfois sans nous y arrêter ! Je voyais en Égypte le fellah suer en cultivant son coton. Il gagnait juste de quoi survivre avec sa famille et pouvait à peine se payer une deuxième *galabeya*. Or, c'est ce salaire dérisoire qui nous permet, à vous et moi, d'acheter des vêtements à bas prix et de les accumuler dans nos armoires !

Le système qui s'est abondamment développé depuis plus d'un siècle a abouti à cette incroyable disparité économique : en 1820, l'écart de revenu entre les pays nantis et les pays « en développement » (quelle ironie dans ce terme !) était de 3 pour 1 ; en 1999, il était de 727 pour 1.

Je sais bien que je ne dis rien ici d'original : on peut lire cela partout, et ça finit même par lasser. Mais on ne le crie pas assez. On devrait le HURLER encore et toujours. Hurler, c'est protester, ne pas accepter, ne pas rester inerte. Hurler, c'est refuser d'en rester là, d'en rester aux constats, même indignés. C'est entrer en réaction viscérale, mettre son cerveau en ébullition, empoigner les choses et les gens : il faut que ça bouge !

Distinguer

J'ai été moi-même témoin de situations scandaleuses dans les cinq continents. Mon expérience est nécessairement très limitée, et bien peu de chose auprès d'études approfondies. Je m'en excuse. Je voudrais cependant transcrire ici quelques-unes de mes réflexions : si les détresses rencontrées sont toutes révoltantes, elles ne sont pas toutes de même nature. Quels sont donc les différents types de pauvreté auxquels j'ai eu à faire face, dans le tiers monde d'abord, et en France ensuite ?

J'ai souvent parlé, et longuement, de l'Égypte. Aussi évoquerai-je d'autres pays. En Tunisie, un SOS m'est parvenu un jour d'une des sœurs de ma congrégation, Notre-Dame-de-Sion. Sage-femme, elle s'était consacrée aux mamans célibataires. Or les femmes, en pays arabes, ont toujours besoin d'un homme pour les soutenir, père, mari ou frère. Ces femmes abandonnées étaient donc dans une situation tragique : socialement, elles n'existaient plus. Elles accouchaient parfois à même le sol, dans des conditions d'hygiène épouvantables. L'épreuve ne s'achevait pas avec l'accouchement : il leur fallait encore trouver du travail pour assurer leur subsistance et leur dignité. Un nouveau-né qui crie vers vous, ça vous prend aux tripes ! En priorité, il a droit à obtenir une place là où il tombe dans le monde. Ici, c'est ce droit fondamental qui était bafoué, ainsi que le droit de la femme à une reconnaissance sociale.

À Thiès, au Sénégal, on m'avait signalé la condition dans laquelle croupissaient des milliers d'enfants, d'adolescents et de jeunes. Les petits voleurs pourrissaient au milieu des bandits dans les prisons. Au marché, des gamins de dix, douze ans transportaient des caisses plus lourdes qu'eux, au risque de déformer leur colonne vertébrale. Mal payés, ils étaient encore obligés de reverser leur pécule au marabout. Des adolescents trimaient dans des ateliers sans recevoir aucune formation ni même quelque argent de poche. Je ne raconte pas d'histoires : je les ai vus de mes propres yeux. J'ai mis Nelly, une des bénévoles chez les chiffonniers du Caire, au courant de la situation. Elle a pris le premier avion pour Dakar. Arrivée sur place, elle repère les enjeux : s'attaquer à la condition des mineurs incarcérés, à l'esclavage des enfants et des adolescents. Il est intolérable qu'aujourd'hui encore dans le monde on laisse pourrir des gosses en prison, que d'autres soient contraints au travail, sans aucun droit, abîmés physiquement pour la vie. Il est intolérable, enfin, de voir des jeunes abrutis par un travail qui les mène dans une impasse. Sans qualification professionnelle ni rétribution, quel peut être leur avenir ?

Un des lieux qui, en Afrique, m'a cependant le plus douloureusement atteinte reste le Soudan. Mille excuses : j'ai l'air de faire voyager le lecteur autour du monde, alors que je m'étais proposée de distinguer entre les différents types de misère. Je suis incapable, quant à moi, de parler des situations de pauvreté en général, dans une froide théorie. Ce qui me bouleverse, ce ne sont pas les problèmes abstraits, mais des visages de souffrances, des corps avilis d'enfants, d'hommes et de femmes. Or ces souffrances et cet avilissement germent toujours dans un contexte particulier.

Revenons donc au Soudan. Vers Khartoum, des milliers de garçons avaient marché des kilomètres et des kilomètres pour échapper à la famine qui tuait là-bas, dans le Sud. Prostrés dans les rues, mourant de faim, leur maigreur était hallucinante. C'était un spectacle insoutenable. Cette année-là, la récolte de sorgho avait été presque inexistante. Les mères avaient glissé dans un petit sac ce qui restait de nourriture en disant à leur fils : « Pars, marche jusqu'à Khartoum. Toi, tu ne mourras pas. » Elles étaient restées, attendant la mort. Personne, d'ailleurs, n'était là pour les enterrer. C'était en pleine guerre entre les deux parties du pays. L'homme n'est certes pas responsable des aléas et des fléaux de la nature, mais la guerre est de son fait. Les populations du Nord n'étaient pas prêtes à accueillir et à nourrir les futurs combattants dans les rangs de leurs adversaires du Sud. Elles n'ont rien entrepris pour alerter le monde. C'était tout bénéfice : leurs ennemis disparaissaient par millions, sans efforts ni dépenses d'armement.

La vérité nous oblige à aller de scandale en scandale, sans pouvoir les évoquer tous. Comment taire cependant que des travailleurs sont, comme je l'ai constaté à Istanbul dans les années cinquante, confinés dans un bidonville, privés d'eau et d'électricité ? Comment taire que des enfants, tels que je les ai rencontrés au Liban, orphelins de guerre qui ont vu sous leurs yeux leur mère violée et assassinée, ne respirent que haine et vengeance ? Comment taire que tant d'hommes et de femmes dans le monde soient contraints à vivre de la collecte d'ordures, des déchets des repus ? À Manille, la montagne fumante formée par l'amas des détritus engloutissait même parfois des enfants tout vivants dans sa fournaise. Comment taire l'exploitation sexuelle de petits garçons et de petites filles, et l'ampleur qu'en dix ans le tourisme sexuel a prise ? À mon retour des Philippines, j'ai appris avec stupeur que je me trouvais dans un vol charter fréquenté par des personnages distingués venus pour le week-end abuser d'enfants. À un journaliste qui l'interrogeait sur le but de son voyage, une femme très élégante répondit en riant : « Je viens jouir de la chair fraîche. » Ça dépasse les bornes. Si j'avais eu une bombe à ma disposition, j'aurais, comme les kamikazes, fait sauter l'avion ! Comment taire encore que tant de grandes villes du monde rejettent à leur périphérie des populations dont les plus jeunes sont pour ainsi dire acculés à vivre de la délinquance, de la prostitution ou du trafic de drogue ? Cependant que les uns vivent dans des conditions luxueuses, les autres peuvent à peine survivre. C'est le péché du monde : l'indifférence des uns devant la misère des autres.

Je pourrais énumérer encore des centaines d'autres situations, anciennes ou récentes. Je me contente d'évoquer pour finir le drame du sida que j'ai pu mesurer au Burkina. Des milliers et des milliers d'hommes et de femmes devenus sidéens sont rejetés par leur propre famille, leur propre village, leurs propres amis. Pour médicaments, ils ne disposent que de cachets d'aspirine ! Dans certaines villes, aucun hôpital ne les accepte : la terreur irrationnelle de la contagion étouffe tout sentiment d'humanité. Les malades en sont réduits à errer et à mourir seuls. En ce siècle, les prouesses scientifiques et les progrès des soins sont réservés aux habitants des pays nantis. Tandis que, en Occident, des sommes considérables sont consacrées à chaque malade — et c'est très bien ! —, comment peut-on supporter sans réagir que des pays entiers d'Afrique soient décimés? C'est à gueuler d'injustice!

Finalement, de toutes ces situations et ces expériences, je retire que, d'un côté, chacune est singulière, liée à son contexte social, économique, religieux, politique et culturel. D'un autre côté, elles se ressemblent toutes en raison d'une commune injustice. Ce qui est injuste, ce ne sont pas les conséquences des catastrophes naturelles, mais la manière dont sont bafoués, de la naissance à la mort, les droits fondamentaux de la personne humaine : droit à la liberté, droit à la sécurité, droit à l'égalité de l'accès aux soins, droit au minimum vital, droit à l'éducation, droit au travail, enfin droit à la dignité reconnue.

Venons-en à la France. À mon retour, la prise de conscience de « nouvelles pauvretés » s'est faite à partir de situations inhumaines que j'ai appris à connaître, celles des SDF. Je les retrouve en effet, trois fois par semaine, dans un local créé pour eux. Je suis devant des hommes acculés au désespoir. J'insiste sur le terme « acculés ». Ils n'ont plus aucun recours, aucune main tendue, aucune amitié. Ils se sont sentis trahis, trompés, les uns par leur épouse ou leur compagne, les autres par leur propre famille qui, dès leur adolescence, les ont jetés dehors. Ils ont alors sombré — et c'est rapide — dans la drogue, l'alcool et le vol. Abandonnés par leurs proches, méprisés par la société, ils deviennent des épaves. Je ne connais rien de plus triste au monde qu'un homme qui erre jour et nuit, sans argent, sans gîte, sans amour. On le retrouvera un jour sur le trottoir, mort seul dans la nuit. Dans quelle société vivons-nous, qui laisse ainsi crever à ses pieds des milliers et des milliers d'humains, sans leur accorder un regard, sinon de mépris ?

Jean-Jacques, vingt-cinq ans, le corps déjà abîmé par l'alcool, me confie : « Ma mère, trop battue par mon père, l'a un jour tué sous mes yeux d'un coup de couteau. J'ai été confié à la DDASS. J'ai erré de famille en famille, jamais aimé. À seize ans, j'étais dans la rue. Que voulez-vous que je fasse ? Je me suis mis à boire, à voler. Tout le monde alors m'a méprisé et je me méprise moi-même. » Prison... rechute. Il se terre dans un squat avec des copains dans la même galère que lui. Il fait la manche pour subsister et continue à boire : la bouteille est sa seule consolation. Nous le retrouverons un jour dans son cercueil comme Tony, un gars d'une bonne famille des environs. Je n'ai jamais su pourquoi lui était tombé si bas, au point de finir un soir sur le pavé, bourré d'alcool et de drogue. Quand j'ai vu son grand beau corps étendu dans la bière — il n'avait pas trente ans —, je me suis juré de m'acharner, contre vents et marées, pour libérer cette jeunesse à la dérive. Tony, qu'a fait la société pour te sauver ?

Il est un autre genre d'êtres livrés au mépris, et dont on use et abuse pourtant : les prostituées. Une nuit à Paris, j'ai accompagné un membre d'une des associations qui a pour but de leur venir en aide. À minuit, au bois de Boulogne, nous sommes passés devant quatre femmes qui attendaient le client. Elles doivent rester là de 10 heures à 1 heure du matin, debout dans le froid, peu vêtues. On les drogue pour qu'elles tiennent. Elles nous regardaient avec leurs grands yeux effarouchés sur des visages jeunes encore. Elles ressemblaient à des oiseaux apeurés, tremblants dans le piège où ils sont tombés. J'ai appris qu'il s'agissait de jeunes filles venues de Colombie pour, soi-disant, travailler dans la couture. Aller simple payé et visa d'un mois. Pendant ce temps, on leur prête de grosses sommes pour qu'elles puissent s'amuser. Elles se trouvent ensuite sans argent pour repartir. Elles sont alors menacées de prison pour dettes, avec l'angoisse de voir expirer leur visa. Une seule issue offerte : la prostitution. Et cette issue est, paraît-il, légale ! Voilà où nous en sommes, dans un pays de haute démocratie qui prétend promouvoir la justice.

Je garde au fond du cœur l'émotion ressentie un autre soir, à Paris, dans une atmosphère toute différente. Je terminais une conférence à l'église Saint-Vincent-de-Paul devant une foule de jeunes enthousiastes. Soudain, quelqu'un se colle à moi. C'est une femme au visage ravagé, de ces femmes vieillies avant l'heure : plus aucune fraîcheur, plus aucune beauté, sale, négligée. Comment ai-je compris que c'était une prostituée ? Peut-être à quelque chose de provocant dans son attitude, dans ses vêtements entrouverts ? Elle n'avait plus rien de séduisant, elle était même repoussante jusque dans son haleine, mais ce n'était pas un corps froid. Il se dégageait d'elle la sensualité d'une chair qui s'offre. C'était physique : quelque chose dans sa manière de se coller à moi, comme une soif de retrouver sa dignité perdue, par une espèce d'osmose. Cela ne m'était jamais arrivé : on aurait dit qu'elle cherchait une purification. C'est comme si elle voulait plonger dans ce que j'avais de plus virginal pour retrouver la fraîcheur de son enfance. Nous étions aux antipodes l'une de l'autre : elle qui avait fait de son être un objet charnel de transaction, et moi qui, religieuse, représentais un univers libéré de la convoitise.

Eh bien, figurez-vous, mes amis, que nous avons toutes les deux beaucoup reçu de cette osmose. Ce fut un échange.

« Comment t'appelles-tu ?

— Aïché », répondit-elle en s'agrippant à moi et en éclatant en sanglots.

Un certain temps, elle est restée ainsi, la tête sur mon épaule. Lorsqu'il me fallut partir, la main dans la main, nous avons traversé la nef. Cette femme, je l'ai traitée en égale. Je crois qu'elle a dû ressentir mon respect pour elle, ce dont finalement elle avait le plus soif, ce que personne ne lui accordait plus.

« Où vas-tu maintenant ?

— J'sais pas, j'ai pas de logis, j'ai la rue. »

Arrivée au parvis, je l'ai prise dans mes bras, je l'ai embrassée et, le cœur serré, je l'ai laissée aller au froid, sur le trottoir. J'entrai, moi, dans une auto qui m'attendait pour m'amener vers une chambre confortable, bien au chaud.

Je parle de justice, oui. Mais je n'arrive pas à la vivre. Chose singulière, j'ai reçu ce soir-là une étrange grâce qui semblait jaillir d'Aïché pour couler en moi. J'ai enfin compris cette mystérieuse parole de Jésus : « Les prostituées vous précéderont dans le Royaume » (Matthieu **21** 31). C'est ça le cri vers Dieu : ce n'est pas toujours implorer, les bras levés au ciel, « Seigneur, Seigneur ! », mais c'est la clameur de l'humanité oppressée. L'homme veut s'en sortir, mais il ne trouve pas d'issue, alors il crie. C'est cette détresse qui monte tout droit vers Dieu, le Dieu de l'Exode : « J'ai vu, vu l'humiliation de mon peuple en Égypte, j'ai entendu son cri » (Exode **3** 7). C'était vers le Dieu sauveur que criait cette malheureuse. Elle cherchait à l'atteindre du plus profond de son abîme. Ai-je jamais, moi, crié vers Dieu avec cette pauvreté d'âme, cette intensité, cette véracité de l'être ? Car enfin, ne sommes-nous pas tous de pauvres types ? Bien sûr, préservée par mon environnement, je n'ai jamais roulé dans les bas-fonds. Mais le tissu, la trame de mon être sont-ils substantiellement différents ? Nous avons tous besoin de rédemption. Tous, quelque part, nous sommes en Égypte. Tous, quelque part, nous sommes oppressés par notre propre misère qui nous tire vers le bas — à chacun la sienne ! Si tu savais, Aïché, combien tu es ma sœur en humanité ! Ton souvenir m'habite et m'aide à rester vraie, à échapper à la superficialité d'une supériorité illusoire. Je crois que, un jour où le temps ne sera plus, je te retrouverai dans l'amour miséricordieux du Seigneur de Justice. Je crois qu'un jour le Seigneur de Justice « renversera les hommes au cœur superbe et les puissants de leur trône, relèvera les petits et les opprimés » (Luc **1** 51), selon le chant de la Vierge Marie, le Magnificat.

Que retenir de ces expériences françaises ? Les formes de pauvreté que j'ai eues à connaître ici concernent plus des individus que des populations entières, comme c'est le cas dans le tiers monde. Elles ont aussi pour trait commun le mépris et l'exclusion. Ce dont souffrent le plus les SDF et les prostituées est le mépris. Ils le ressentent à un degré incroyable. L'autre jour, je me trouvais dans la rue avec Hervé. Deux dames élégantes passent en auto à côté de nous et jettent un regard sur lui. Il me saisit le bras et s'écrie : « Vous avez vu, comme elles me méprisent ! » Il en était devenu rouge et il en tremblait. Dans le même ordre d'idées, une volontaire engagée dans l'accueil et l'accompagnement des personnes prostituées me confiait dernièrement : « Vous ne pouvez pas comprendre ce qu'elles souffrent. Une fille me disait que, le dernier client parti, elle sanglote toute la nuit. Parce qu'ils l'ont payée, les hommes la méprisent. Elle se sent comme une ordure, le reste de ce que l'on a consommé et que l'on jette. »

Mais c'est l'exclusion qui sécrète ce sentiment de rejet. L'exclusion, c'est le fait d'être en dehors de la société, du monde du travail, de la famille. Les pauvres, ici, n'ont pas de liens. Ils sont seuls. Leur misère s'accompagne d'une marginalité sociale. Beaucoup n'ont même plus de papiers. À leurs propres yeux et à ceux des autres, ils n'existent plus. Comment peut-on vivre sans aucune considération ? Nous sommes là au dernier degré de la misère : ces hommes et ces femmes n'ont plus aucune place, ils n'ont plus de statut. D'une manière ou d'une autre, ils n'ont plus d'identité.

Il ne faut pas se méprendre : toutes les misères ne représentent pas la même tragédie. L'homme du tiers monde connaît la joie de vivre, tandis que, pour celui des pays nantis, la pauvreté est un poids insupportable. D'où vient cette opposition ?

En Afrique, la majorité végète certes dans l'indigence, mais ne ressent pas la jalousie. Celle-ci éclate, en revanche, dans les contrées où une minorité de pauvres se trouve confrontée à la richesse ambiante.

De plus, les pauvres dans le tiers monde ne subissent pas le mépris et l'exclusion. En effet, ils peuvent vivre en société avec ceux qui ont les mêmes niveau et mode de vie. Au bidonville, nous mangions tous les jours des fèves, mais nous les mangions ensemble, nous rigolions, et personne n'avait faim.

L'existence ou non d'une intégration sociale est, à mon sens, le critère capital qui rend compte de la différence des situations. Les familles africaines restent soudées et créent des relations amicales avec leur environnement dans un climat convivial et, par là, joyeux. C'est ce qui manque dans les pays où les familles sont éclatées, où l'absence de confiance dans les relations provoque une ambiance morose. D'un côté, *time is relation* : le temps est détendu dans la joie d'être ensemble. De l'autre, *time is money* : c'est le stress de la course à l'argent, source de plaisirs éphémères et coûteux. En voulons-nous un exemple ? Waris Dirie exprime dans ses Mémoires (*Fleur du désert*) une étrange nostalgie. Top model, vivant dans l'opulence aux États-Unis, elle garde le souvenir des soirées heureuses qu'elle passait en famille, autour du feu, dans le désert mauritanien. Actuellement, sa vie de star adulée lui apparaît comme un paradis artificiel.

Toute une jeunesse et beaucoup d'adultes courent en Occident après des images de réussite financière et médiatique, comme s'ils allaient enfin y trouver le bonheur de vivre. Mais la vie des stars est-elle si heureuse que cela, à en juger par les échecs amoureux, la toxicomanie, les suicides, parfois, des plus prestigieuses d'entre elles ?

Un dernier trait de comparaison, et le plus significatif pour moi. Les pauvres du tiers monde ne connaissent pas le désespoir. La première fois qu'on me fit cadeau pour les chiffonniers de médicaments venus d'Europe, le médecin éclata de rire en ouvrant le paquet : « Des tranquillisants ! mais pour qui, au bidonville ? Je les emporte pour les beaux quartiers où il m'arrive d'en prescrire. » En France, quel appétit pour les tranquillisants ! Plus profondément, chez combien de chômeurs, de prostituées, de SDF, et même dans les confidences reçues de tant de jeunes dont la misère n'est pas matérielle, n'ai-je pas rencontré ce néant : ne plus croire en rien, être au fond d'un trou, ne pas voir d'issue, penser que rien ne sert à rien ? Pourquoi vivre ? Ailleurs, une mentalité tout à fait différente empêche le désespoir. Cette attitude face à l'existence se satisfait de peu de chose car un objet récupéré constitue un trésor. Lorsque les idéaux de vie sont très simples, les solutions aux problèmes apparaissent comme à portée de main : on peut toujours vendre des pépins sur le trottoir, gagner cinq piastres, s'acheter du pain et de la salade, s'asseoir, content, avec des copains pour manger ensemble.

Finalement, ce sont deux mondes à des années-lumière l'un de l'autre. Je ne dis pas que, là-bas, tout est bien. Je dis qu'ici, pour les individus, cela peut être pire. Je m'insurge contre les injustices subies dans le tiers monde, je refuse le statu quo, je ne prétends en aucun cas qu'il s'agit d'un système idyllique. J'affirme pourtant que, là-bas, les pauvres ne sont pas des misérables dans la détresse, mais des êtres humains qui jouissent de la vie telle qu'elle se présente. Ici, une certaine psychologie et un type de système social provoquent une sensation générale de vide, un sentiment d'agression et d'injustice. Pourquoi les uns sont-ils privés des biens qui passent sous leurs yeux, à portée de main, et dont d'autres jouissent ? D'une part, ceux qui sont en situation d'exclusion ont connu des jours meilleurs et, d'autre part, la dynamique d'échec dans laquelle ils sont embarqués les désocialise et constitue une impasse. Voici la misère fondamentale : je ne suis rien et je ne serai jamais rien, pour personne.

Comprendre

Les distinctions que j'ai tentées de faire entre ces différents types de pauvreté m'ont amenée à une autre question : d'où vient la pauvreté, quels sont les obstacles à un juste équilibre mondial ?

En effet, depuis que je me suis trouvée face au peuple du tiers monde suant (le terme n'est pas exagéré) pour gagner de quoi survivre, je me suis demandé, au milieu de ma révolte, quelles étaient les racines de cette incroyable injustice planétaire... Problème aux ramifications infinies ! J'ai regardé, interrogé, lu, médité, et je sais que je n'ai trouvé qu'une part infime des réponses !

Structures internationales

Dans sa course effrénée, la production est dominée par les lois implacables de la concurrence et exige nécessairement des techniques de pointe, une robotisation poussée. Le pauvre type du tiers monde apparaît, lui, comme un bipède sans valeur économique. En effet, il n'est doté que de bras, et pas d'un cerveau préprogrammé pour des tâches sophistiquées. Si l'Europe de l'Est attire actuellement des investisseurs, fi des Africains ! Ce ne sont que des hommes sans intérêt. Les impératifs de production ne prennent en considération que leur sol, son pétrole et ses matières premières. Pensons aux Indiens de l'Amazonie : ils sont considérés comme des sauvages de la préhistoire qu'on peut abattre sans scrupules puisqu'ils empêchent la « mise en valeur » des zones où ils se sont réfugiés.

Malheureusement, les multinationales et les grandes industries sont beaucoup plus un frein qu'un moteur pour le développement du tiers monde. Elles l'inondent de produits de luxe destinés aux riches et de toutes sortes d'articles nouveaux et séduisants. Comment les petites entreprises peuvent-elles concurrencer des firmes de la taille de Coca-Cola ? La puissance des moyens publicitaires attire un public déjà fasciné par tout ce qui est américain et étranger, crée de nouveaux besoins et tue les modestes productions nationales. Tout autant d'ailleurs, et pour les mêmes raisons, les petites boutiques des pays riches ferment devant les grandes surfaces. En fait, les multinationales accentuent la pauvreté et la dépendance des économies locales.

Gandhi a lutté toute sa vie pour sauver aux Indes le tissage indigène menacé par celui importé d'Angleterre et, fait scandaleux, fabriqué avec le coton indien ! C'est partout pareil : en Amérique du Sud, les exploiteurs achètent les terres pour cultiver en grande quantité le soja, et il est exporté pour le bétail européen ! Ils ruinent ainsi l'agriculture qui fait vivre les petits paysans.

Comprendre les causes de la pauvreté dans la plus grande partie du monde oblige à évoquer aussi la fluctuation du marché des matières premières. Elles sont achetées aux pays du tiers monde dans des conditions qui défient toute justice. Les modestes exploitants, le contrat sur la gorge, sont obligés de se soumettre aux prix imposés : ils n'ont aucune possibilité de stockage. Dans ses tournées à l'étranger, Dom Helder Camara fulminait : « Payez-nous le café brésilien son juste prix, sans fluctuations, et nous n'avons que faire de votre aide ! » Il en est ainsi pour l'ensemble des matières premières que le tiers monde est forcé de livrer au prix qu'on lui impose. Comprenons bien qu'il est impossible de structurer une économie et de prévoir une politique lorsque, d'année en année, le cours du café, du coton ou du cacao est imprévisible.

Le dialogue Nord-Sud, dont on nous rebat les oreilles, est un dialogue de sourds. Avouons-le sans ambages : nous, gros nantis du Nord, nous intéressons-nous aux avancées et aléas d'une discussion qui n'aboutit guère ? Sommes-nous au courant de la dureté de vie des peuples du Sud dont nous profitons largement ? Chacun de nous, dans la vie quotidienne, utilise des quantités de matières premières de tout genre, payées à prix dérisoire aux pays producteurs. Chacun de nous se nourrit de denrées, achète des jouets et porte des vêtements fabriqués par des ouvriers qui ne sont parfois que des enfants. Aucun salarié de chez nous n'accepterait la somme qui leur est allouée : juste de quoi survivre — et encore ! Si, en consommant notre banane, en enfilant notre tee-shirt, nous pouvions voir leur visage abruti, défiguré par un travail inhumain — surtout s'il s'agit d'un enfant —, les achèterions-nous encore ? Certains me répondront : l'égoïsme humain est tellement fort que, plutôt que d'avoir une vie plus sobre, beaucoup passeraient outre à la souffrance du pauvre. C'est malheureusement évident : les voix qui s'élèvent pour stigmatiser ces scandales sont trop faibles, tombent dans l'indifférence quasi totale et n'ébranlent pas les consciences.

Il ne faudrait pas non plus passer sous silence le trafic d'armes, obstacle fondamental au bien-être et à la paix du monde. Si je ne me trompe, nous, Français, sommes les troisièmes fabricants de la planète. Ce commerce très fructueux, dont on ne parle pas assez, enrichit considérablement la nation, et profite donc à chaque citoyen, à chacun de nous. Les armes une fois achetées, les pays du tiers monde n'ont plus les moyens de payer leurs fonctionnaires ni de se procurer des équipements propres à développer leurs industries et à amoindrir leurs dettes. Ils s'entretuent à notre grand scandale, pharisiens responsables que nous sommes ! Je m'étais rendue à Beyrouth encore en guerre pour venir en aide aux enfants réfugiés. Quel choc j'ai reçu ! Une délicieuse petite Leyla avait été une des premières que, avec mon association, nous avions réussi à scolariser. Le lendemain, j'apprends qu'elle vient d'être abattue par un tueur à gages grâce à une arme... française (parmi les meilleures, paraît-il !). De retour en France, et encore sous la commotion de ce drame, je vais voir un des responsables du gouvernement pour l'alerter sur la question. Voici sa réponse :

« Nous ne vendons des armes qu'aux pays ayant besoin de se défendre.

— Vous savez parfaitement, monsieur le Ministre, que les armes transitent à toute allure vers les belligérants, quels qu'ils soient.

— Cela ne nous regarde pas, ce n'est pas ma

responsabilité. En tout cas, si la France arrête sa production, d'autres amplifieront immédiatement ce commerce.

— Donc nous pouvons continuer, avec bonne conscience, à procurer la mort même à de petits enfants ?

— Ma sœur, si je ferme les usines d'armements, je mets au chômage plus de cent mille personnes (je ne suis plus sûre du chiffre, mais il était imposant), je prive le Trésor d'une rentrée considérable, je suis obligé d'augmenter les impôts et je suis immédiatement limogé... Changez d'abord, si vous y arrivez, le cœur des Français ! Je n'ai pas d'autre réponse. »

Ces hommes politiques sont impuissants, mais moi je ne me suis jamais remise de la mort de Leyla.

Le drame, c'est qu'il en va ainsi de la plupart des causes de la pauvreté. De véritables structures internationales, parce qu'elles mobilisent des pouvoirs économiques et politiques inimaginables, étouffent les efforts légitimes les mieux organisés. Ces réseaux internationaux sont intouchables, ils écrasent le monde et lui dictent leurs propres lois.

Le constat semble sans espoir. Mais rappelons-nous Marc Aurèle : « L'obstacle est matière à action. » Plus l'obstacle paraît insurmontable, plus il faut s'acharner. Entrer en lutte contre ces colosses, c'est risquer sa peau. Mais le jeu en vaut la chandelle : quelques hommes résolus peuvent changer le monde et, comme dans la fable, on a vu des moustiques triompher de lions !

Malheureusement, les structures internationales ne sont pas les seules responsables du maintien de situations intolérables. En effet, dans le tiers monde aussi, l'abîme se creuse de plus en plus entre les riches toujours plus riches et les pauvres toujours plus pauvres. Ces derniers représentent souvent plus de 90 % de la population de pays qui manquent d'une classe moyenne pour équilibrer la nation. À l'intérieur, la mondialisation offre un immense marché à ceux qui savent s'en servir, ceux qui sont doués d'une bonne formation de base, les intelligents et les débrouillards, ceux qui ont des relations à l'étranger. Et les autres ? Peu formés, peu doués, peu aidés, ils sont vite hors course.

De plus, l'action entreprise par les gouvernements locaux ne prévoit pas toujours suffisamment l'avenir. Ainsi, on ne peut pas comprendre la situation actuelle en Égypte sans évoquer la nationalisation des terres programmée, il y a une cinquantaine d'années, par Nasser. Elle a été saluée avec enthousiasme par les paysans, qui se voyaient recevoir le nombre d'hectares leur permettant enfin de vivre décemment. Mais quand on a de huit à dix enfants, après deux générations, l'héritage n'a laissé à chacun que quelques lopins de terre. Et voilà la cause du reflux dans les villes. Dénués d'instruction, ces déplacés survivent en vendant de petits objets bricolés à la main. En passant sur les trottoirs, j'étais assaillie d'appels : « *Ya Madâme, bossi, khamsin erch!*

Madame, regarde, 50 piastres (50 centimes) ! » Je pouvais tout trouver dans les rues du Caire, un singe surgissant de sa boîte, une poupée sur une balançoire, des plumes multicolores et des cireurs m'attrapant les pieds pour faire reluire mes chaussures. Mes amis des bidonvilles sont aussi des réfugiés de haute Égypte. Eux n'ont rien trouvé de mieux que de vivre de la collecte des ordures et de s'amasser dans des gourbis infects. Ils y seraient encore si notre équipe ne leur avait pas tendu la main pour les aider à en sortir. C'est cela qui a ébranlé le gouvernement. Il s'est enfin intéressé à eux, a assaini les rues, creusé les canalisations et multiplié les écoles. Il y a donc moyen de faire bouger des responsables à un haut niveau en faveur de populations au départ sans intérêt pour personne. Il y va parfois de la fierté nationale, lorsque des étrangers émus trouvent des solutions inédites. Il y va souvent de la notoriété internationale d'un pays mis en cause par des images « misérabilistes » préjudiciables à son « honneur ». Dans ce domaine, les médias ont un rôle indispensable de catalyseur.

Il suffit parfois de se mettre à l'œuvre avec des moyens limités, ou de remédier à quelque projet mal conçu par les autorités. En Égypte toujours, celles-ci venaient de faire naître un grand espoir : la fertilisation du désert qui recouvre les neuf dixièmes du territoire. Des travaux furent entrepris pour creuser des canaux susceptibles d'amener l'eau du Nil dans ces terres stériles. Des *feddans* (unités de surface) désormais bien irrigués étaient offerts à bas prix aux licenciés en agriculture, avec une maison en prime pour qu'ils se marient et s'établissent. Hélas ! la mesure imaginée par des technocrates ne prévoyait pas que ces jeunes, munis seulement de connaissances théoriques, étaient incapables de mettre tout seuls leur savoir en pratique. Ils plantaient des tomates là où il aurait fallu planter des choux, et le tout à l'avenant. Découragés, ils disparaissaient les uns après les autres. Par bonheur, monseigneur Egidio, notre évêque latin d'alors, s'attaqua au problème en compagnie du père Boulad, directeur de l'association Caritas-Égypte. Une aide financière fut réunie, indispensable pour recruter des experts. Arrivés sur place, ils comprirent vite la situation et l'expliquèrent aux apprentis agriculteurs : les choux, ici, et les tomates, là ! La réussite fut complète. J'ai visité les lieux et goûté aux premières réalisations. J'ai cueilli de belles pommes colorées à des branches qui se balançaient au vent et les ai croquées assise près d'un ruisseau.

Dans les pays du tiers monde, il est un autre facteur de graves difficultés. Il s'agit de l'instabilité politique en général, qui peut même aller jusqu'à des attentats incontrôlables. Ce genre de situation mine à leur base les efforts de développement fondés sur l'appel à des investisseurs et l'extension du tourisme. En Égypte, une minorité musulmane fanatique qui s'attaquait aux étrangers de manière féroce a été muselée. La création d'hôtels modernes, la formation de guides expérimentés, la mise en valeur des sites archéologiques ont alors pu être générateurs de croissance et profiter à une multitude d'Égyptiens le long de la vallée du Nil. Ces investissements auraient été inefficaces en l'absence d'une pacification intérieure.

Comme je voudrais pouvoir en dire autant du Soudan, dont la population m'est si sympathique ! La situation y est tragique. La guerre dite religieuse existait déjà depuis des années. Le Nord musulman voulait imposer la Charia (le code islamique) au Sud, chrétien et animiste, qui s'y refusait. Fait nouveau, d'importantes réserves de pétrole ont été découvertes dans une partie du Sud. Par malheur, celles-ci représentent une richesse considérable, autant dire une proie à saisir et exploiter. Les combats ont alors redoublé de rage, les massacres se sont multipliés, les cultures ont été anéanties, la population sudiste terrorisée a été affamée. Les structures nationales des deux parties du pays, bien loin de lutter contre la pauvreté, l'aggravent encore. Leur principale préoccupation est de se procurer des armes et, des deux côtés, de s'assurer la possession des gisements de pétrole. Situés au nord-est du Sud, ces gisements sont entourés de populations que l'on massacre et chasse. On peut alors monnayer grassement et sans problème leur exploitation à des compagnies internationales qui ferment les yeux et prétendent arriver sur un terrain « vierge »...

Perpétuel recommencement de l'histoire de notre planète ! À travers les siècles et les continents, les intérêts personnels de quelques types forts et sans scrupules mènent à leur perte des peuples entiers. Plus encore, dans le cas que je viens d'évoquer, la complicité objective entre des forces nationales et des pouvoirs économiques internationaux écrase des millions d'individus. Le pire, peut-être : dès que des milliards sont en jeu, les gouvernements des pays démocratiques baissent les bras et oublient toute justice. Ce genre de situation appelle un seul remède : l'extension du devoir d'ingérence en faveur de laquelle des voix commencent à s'élever.

Un autre problème est au cœur du drame de plusieurs pays africains. Qu'est-ce qui bloque l'action des structures nationales ? La pauvreté, certes, mais surtout la corruption. Dès qu'il y a une aide, elle passe de poche en poche, filtrée chaque fois du haut en bas, si bien qu'il n'en reste pas grand-chose à l'arrivée. Parfois, les denrées alimentaires de secours sont vendues : j'ai vu chez un épicier du Caire un sac de farine sur lequel était inscrit en anglais : « Interdit à la vente. » Le sac provenait d'une aide américaine. On vend jusqu'aux médicaments envoyés dans le cadre des aides d'urgence, et à des prix forts. Tout est objet d'un trafic éhonté. Dans beaucoup de pays d'Afrique, les bâtiments eux-mêmes s'écroulent parce que les architectes ont rogné sur la qualité et la quantité des matériaux afin de dégager une marge supplémentaire de profit. L'argent envoyé par les États aux responsables locaux pour construire routes, écoles, hôpitaux, se perd dans les sables, vient en fait renforcer les inégalités sociales et finit par conforter les castes au pouvoir. Le remède, ici, est à mon sens le recours systématique à des Organisations non gouvernementales (ONG) dont on a vérifié au préalable le sérieux de l'action et l'honnêteté des dirigeants. C'est ce dont plusieurs responsables de la Banque mondiale à Washington sont convenus devant moi, après un temps d'échange dont j'étais l'invitée.

Autre contexte, autre problème. Le pauvre petit Burkina est peu intéressant : qu'il se débrouille ! Le climat y atteint durant des mois quarante degrés à l'ombre ; le corps tombe dans la torpeur ; les paysans sont incapables de cultiver la terre desséchée par le soleil, alors que cette terre, je l'ai vu en certains endroits, peut porter de grands arbres magnifiques. Or, cette incapacité ne tient pas d'abord à la paresse, mais au manque de moyens : les paysans n'ont aucun outil et disposent pour la plupart d'une simple houe en bois. Dans ces conditions, le sol n'est cultivable que durant la saison des pluies. Le sorgho alors maigrement récolté permet de survivre le reste de l'année. Il est impossible de compter sur des aides nationales, car le pays est trop pauvre. Il est très difficile d'obtenir des aides internationales, car le pays n'offre pas assez de perspectives d'exploitation rentable, surtout dans une période où l'Afrique a été abandonnée au profit de l'Europe de l'Est, plus active certes, mais aussi financièrement plus prometteuse. Ne peut-on donc rien faire ? Certes, non ! Il reste toujours l'initiative privée, pour autant qu'elle ait la bénédiction des pouvoirs publics. Des gens qui ont envie de faire des choses, qui ont des idées justes, on en trouve, mais souvent ils manquent de fonds. Par exemple, un religieux de Bobo, la deuxième ville du Burkina, cherche en ce moment à monter un projet de formation pour de jeunes agriculteurs. Ceux-ci seraient initiés à l'utilisation d'outils agricoles qui leur seraient prêtés, le temps de commencer à dégager des bénéfices.

Toutes ces causes sont plus ou moins connues. Comprendre est certes nécessaire, mais pas suffisant. Il faut encore que la connaissance engage un examen de conscience comme Michel Camdessus, qui fut directeur du FMI (Fonds monétaire international) durant treize ans, invite à le faire : « Reconnaissons comment notre irresponsabilité, nos refus de solidarité, la timidité de nos combats pour arracher nos pays à leurs égoïsmes nationaux contribuent à crucifier les pauvres aujourd'hui. Tous ensemble, il nous est arrivé de nous conduire en intendants frivoles de cette parcelle du bien commun qui nous était confiée. » (Colloque « Éthique et Finance », mai 2000.)

Scandale !

Pourquoi ce discours de Michel Camdessus a-t-il trouvé un écho chez ses auditeurs ? Chacun devait sentir au fond de sa conscience que la misère d'un nombre incroyable de personnes est un ulcère pour l'humanité, qu'il lui fallait davantage s'acharner contre des structures qui privilégient toujours les riches.

Nous touchons là le cœur du problème : il s'agit de personnes humaines et il est révoltant, inacceptable, de voir accablés par un tragique destin des êtres de chair et d'os comme nous, sans que nous mettions tout en œuvre pour les secourir. Déjà le poète latin Térence s'écriait : « Je suis homme et rien de ce qui est humain ne m'est étranger. » Vingt siècles plus tard, un philosophe contemporain, Emmanuel Levinas, fait de l'appel du visage de l'autre le ressort de sa pensée. Ce visage, qu'aucune bête même simiesque ne possède, réclame mon respect fraternel.

Les pesanteurs et les malversations de ces structures internationales et nationales sont inacceptables à cause de l'identité de l'homme qui n'est pas un animal. Peu importe qu'un loup soit repu devant un chien efflanqué, il est intolérable qu'un humain s'empiffre devant un autre qui crève ! Même le dernier des criminels exige le respect. Du temps, heureusement révolu, où il était condamné à mort, on entrait dans sa cellule, chapeau bas, pour lui annoncer son exécution.

Quant à la Bible, dès les premiers chapitres, elle nous présente la valeur inégalable de la race humaine, animée dès son origine par le souffle divin et formée à l'image de Dieu. C'est pourquoi saint Paul osera écrire aux Corinthiens : « Ne savez-vous pas que votre corps est le temple de Dieu ? » (I Corinthiens **6** 19.) Pourtant, l'histoire de l'humanité narrée par la Bible est traversée de drames tragiques, depuis le meurtre d'Abel par son frère Caïn jusqu'au Christ cloué sur une croix. La révélation plaide pour la dignité inaliénable de chaque personne et s'insurge contre l'oppression toujours renouvelée, la violence faite aux innocents.

Notre époque n'est pas meilleure que les précédentes. Qui aurait pensé que nous en serions encore là, après des siècles de civilisation ? On laisse tomber dans la déchéance tant d'exclus, ceux que la couleur de leur peau, leur nationalité, leur niveau social mettent en dehors de la société. D'une manière ou d'une autre, ils se sentent tous tués dans leur dignité. N'entendons-nous donc jamais la question posée par Dieu à Caïn : « Qu'as-tu fait de ton frère ? » (Genèse **4** 9.)

J'essaie de porter secours à des hommes et des femmes déchus, mais c'est en vain, trop souvent. Leur situation d'avilissement et l'indifférence qu'elle suscite me font souscrire à ces mots implacables d'Albert Jacquard : « Les hommes sont devenus (ou bien veut-on nous le faire croire ?) inutiles, coûteux, en surnombre. [...] Leur disparition serait un bienfait [...]. D'où l'inévitable suicide : violence, drogue, délinquance. » Le père Arrupe, supérieur général des Jésuites, arrivait aux mêmes conclusions dans une circulaire adressée à ses frères : « Au cœur de tout : le moi. Les autres hommes ? Des choses. La loi : l'efficacité. Les moyens : tout ce qui est efficace, peu importent les conséquences. »

Comment, devant ce scandale d'hommes devenus des choses (ces hommes que je connais par leur nom, dont je sais le calvaire depuis l'enfance), comment resterais-je tranquille, enfermée dans ma bulle, alors que leur déchéance me colle à la peau ? Comment prendre son parti de la loi de la jungle imposée par des puissances internationales ou nationales ? Comment admettre qu'un ordre économique et des logiques de guerre puissent prévaloir sur l'homme? Comment tolérer l'exclusion des plus pauvres dans les pays riches, et la paupérisation croissante sur toute la planète? Comment baisser les bras devant l'indifférence et l'incapacité au partage dont, partout, les nantis font preuve? *Yalla,* en avant, Emmanuelle! Il faut toujours recommencer à se battre. Viens, mon frère, viens t'asseoir à mon côté. Cherchons ensemble ce qui peut te rendre ton visage d'homme.

Chapitre II

Lutte avec et pour les pauvres

Où l'on énonce les règles nécessaires à une action humanitaire efficace et féconde.

La révolte en paroles est aisée mais l'action est difficile, surtout lorsqu'elle se veut efficace. Qui d'entre nous ne s'est pas un jour ou l'autre insurgé contre le scandale de la pauvreté ? S'est-il pour autant engagé dans une lutte active afin d'y remédier ? Pratiquement, comment permettre aux plus faibles de ne pas être écrasés par les forts triomphants ? La question est complexe. Mes échecs et mes réussites m'ont amenée à dégager quelques pistes de réponse.

La relation à l'autre, premièrement, avec les qualités de respect et d'amour qu'elle exige, se présente naturellement comme l'axe fondamental duquel tout découle. En second lieu, le travail associatif en relais avec des autochtones ne se contente pas de bonnes intentions mais demande une adaptation concrète aux besoins du pays. Troisièmement, le souci du bien commun dépasse une éthique trop étroite parce que individuelle et demande à voir plus loin, au-delà de ses propres intérêts. Enfin, la responsabilité propre à chacun de nous rend vitale la question de l'engagement personnel.

Respecter l'homme

Voici le premier fruit de mon expérience : quel que soit le continent, le désir le plus impérieux d'un pauvre, son besoin essentiel, c'est d'être respecté. Nous touchons ici la condition *sine qua non* de toute action humanitaire : témoigner à tout être humain un égal respect. Pour être authentique, ce respect exige la prise en considération de la pensée de l'interlocuteur. En aucun cas il ne faut lui imposer la nôtre. Chaque être humain a sa valeur, quels que soient son niveau social, intellectuel, financier, sa couleur de peau, sa santé, son âge, l'état plus ou moins catastrophique où il se trouve. Chacun est un frère, une sœur en humanité. Qu'il soit alcoolique, drogué, sidéen, détenu, il a droit a des égards. Il a même le droit de refuser ce qui nous paraît, à nous, être son bien. Nous n'avons pas à faire pression sur lui. En insistant, nous risquons de briser le dernier fil qui le retient à l'existence, sa liberté de choix.

Moi qui suis toujours pressée, prête à pousser choses et gens pour avancer rapidement, j'ai appris que le pauvre me demande surtout de ne pas vouloir *pour lui,* mais de vouloir *avec lui,* d'essayer de le comprendre. Mis alors en confiance, il est content d'échanger ses idées et, au fil des jours, il évoluera peut-être de lui-même vers quelque solution possible, surtout quand il se sent entouré d'affection. Une attitude contraire risque d'en faire un assisté. Compter sur sa liberté, c'est lui remettre le pied à l'étrier afin qu'il puisse avancer à nouveau par lui-même.

L'amitié authentique et profonde est un besoin essentiel du pauvre. Cette amitié crée un sentiment d'égalité, pousse au partage, suscite un climat de confiance réciproque. J'ai eu l'occasion de rencontrer le père Renato, un homme hors du commun. Il possède en effet, et au plus haut degré, l'art d'aimer tout ce qui est méprisé, dépravé même. Au cours d'une longue conversation, il m'a raconté sa vie. Au Brésil, il arrache des griffes de la police qui les poursuit à mort une innombrable quantité d'enfants, bandits en herbe. Sa méthode se fonde sur l'amour, tel celui qu'une mère porte dans ses entrailles. Selon lui, seule la tendresse maternelle peut triompher du virus de la violence. Que veut-il dire ? C'est un amour qui dépasse le sentiment et la satisfaction d'être avec l'enfant. Il s'agit d'une inlassable indulgence et d'une alliance définitive. Lorsqu'un des petits qu'il a accueillis, nourris, instruits, s'enfuit en lui volant le peu qu'il a, le père Renato s'écrie : « Je ne l'ai pas assez aimé. » Il part à sa recherche à travers les favelas, jusqu'à ce que, l'ayant retrouvé, il le serre dans ses bras : « Reviens, avant qu'un escadron de la mort ne te rattrape. »

Cette amitié qui n'est pas sensiblerie mais dévouement doit trouver sa source : un déclic se produit devant l'inhumanité d'une situation donnée. C'est comme le couvercle d'une marmite que soulève la vapeur : on en est brûlé, la blessure ne laisse pas de repos.

Mais il ne suffit pas d'aimer. L'intelligence doit s'unir au cœur pour forger la relation adaptée à la personne, au cas et au pays. Lorsque je parle du respect et du souci de l'autre, j'entends aussi l'étude rationnelle du problème : genre des difficultés, nature des aspirations, nature des moyens matériels et spirituels. Seul ce type de relation garantit de ne pas imaginer des solutions à partir de nous-mêmes, mais nées de l'écoute et de la vision de l'autre. Cela exige persévérance et acharnement. Ce n'est pas du *feeling*.

Pour illustrer cela, je ne trouve pas de meilleur exemple que celui du foyer Arc-en-ciel visité à Beyrouth. Il avait été fondé, en pleine guerre, par un jeune Libanais frappé par le désespoir de handicapés de son âge. Lorsqu'il y a un bombardement, on se jette instinctivement à plat ventre, le visage contre terre. Les éclats d'obus atteignent alors la colonne vertébrale et on se retrouve cloué à vie dans un fauteuil. Pierre Aïssa a harcelé son père qui avait une belle fortune. Il a obtenu des fonds et il est arrivé à offrir à chaque jeune handicapé la formation adaptée à son désir et à ses capacités. Dans ce foyer de réinsertion professionnelle, ils étaient une centaine mais ce n'était pas un régiment. Beaucoup de formations diverses y étaient proposées : menuiserie, différentes formes d'art, électricité, verrerie, etc. Aimer et respecter l'homme mutilé, ce n'est pas en faire un mendiant assisté, mais un être libre qui réalise ses propres aspirations et gagne sa vie par son travail.

Le défi qui se présente invariablement consiste à se mettre en situation. J'entends par là tout simplement se mettre à la place de l'autre en difficulté pour comprendre ses états d'âme. Plus que son état tout court, il s'agit de comprendre une souffrance qui n'est pas extérieure, mais intime et cachée. Si on fait quelques pas avec lui en l'écoutant, il est alors plus aisé de trouver ensemble une solution appropriée. Avant toute étude de dossier, avant tout projet, une action qui se veut humanitaire commence donc par la relation, par le compagnonnage. C'est grâce aux cinq années où, dans le bidonville, j'ai vécu, écouté, partagé *sans agir,* qu'une nouvelle relation avec l'homme s'est découverte à moi. Je n'avais pas soupçonné auparavant que, instinctivement, le premier réflexe est d'utiliser l'autre, même en visant son propre bien. Ça nous colle aux tripes, cette réaction presque animale de sauter sur le monde, la personne, la chose pour nous en emparer. Voici le dilemme : est-ce que j'appréhende *exclusivement* le monde, la personne, la chose pour ce qu'ils vont m'apporter ? Ou bien est-ce que je considère *aussi* le monde, la personne, la chose pour ce qu'ils sont et pour ce que je peux leur apporter ? Cela demande des examens de conscience quotidiens. Dans l'action humanitaire, dans la mesure où justement on prétend faire et vouloir le bien, le risque est d'autant plus grand que se développe sans frein notre instinctive volonté de puissance. L'action vous dope et vous monte à la tête : on se croit un surhomme. Le besoin de s'estimer soi-même d'après l'estime des autres est inhérent à la nature humaine. Dans l'humanitaire, ce besoin a tellement le champ libre qu'il constitue un perpétuel danger. Tu deviens un demi-dieu, tu bois à toi-même et tu deviens insupportable. Ce n'est pas mauvais d'être content de soi, d'avoir sa petite gloriole. C'est de toute manière inévitable. Ce qui est grave, c'est l'orientation majoritaire qui fait de moi le centre du monde. Comme les satellites autour d'une planète, tout gravite alors autour du moi : le monde, les choses, les autres et y compris soi-même. Il faut que je dise la vérité : j'en ressens moi aussi les atteintes et la nécessité d'une lutte, la nécessité d'un arrachement à l'attraction de mon ego pour choisir, prioritairement, l'attraction de l'autre. Avouons-le cependant, nous ne pouvons pas être que « donnés ». On tomberait alors dans le rêve de l'angélisme. Il faut donc s'accepter avec humour, prendre son pouls avec lucidité, accepter ses travers, mais en cherchant sans trêve à s'en dégager.

Cela posé, il faut encore ajouter qu'il n'y a pas de prototype pour réaliser la relation dont je parle. En effet, chaque cas de souffrance a besoin d'être traité d'une manière particulière, et chaque personne qui s'y attache est, elle aussi, singulière. Par exemple, la psychologie d'enfants privés d'instruction parce que forcés au travail est, la plupart du temps, marquée d'amertume. Elle se double d'agressivité dès qu'ils entrent en contact avec ceux qui ne souffrent pas de la même pauvreté. Aspirer vainement à un bien, c'est automatiquement ressentir jalousie, haine même, pour celui qui en jouit. Pour remédier à cette frustration, il est impératif, avant de tenter une relation, de perdre toute apparence de supériorité, de niveler le terrain de rencontre. Ceux qui l'ont réalisé ont pris le moyen le plus court, le plus simple pour aborder le problème. Les exemples abondent.

Andrea Riccardi, professeur d'université en Italie et fondateur de l'association humanitaire Sant'Egidio, m'a fait part de l'expérience de sa jeunesse. Avec des copains de terminale, il décide d'entrer en lutte contre la pauvreté des gosses des *baracatti,* les bidonvilles qui entouraient Rome à l'époque. Ils partent gonflés à bloc..., mais sont reçus à coups de pierre. Au retour, désenchantés, ils réfléchissent et cherchent la cause de leur échec. Serait-ce leur look de riche qui a entravé la relation, dès l'ouverture, en agressant la misère de cette enfance ? Le respect qu'on doit au pauvre ne réclame-t-il pas d'abord une apparence vestimentaire qui se rapproche de la sienne ? Ils repartent le lendemain en tenue très simple. L'accueil, cette fois, est meilleur. Ils s'assoient par terre avec les gosses et mangent ensemble : la glace est brisée, on cause. « Nous, on ne peut pas aller à l'école, on ne saura jamais ni lire ni écrire. » Les lycéens proposent alors des leçons du soir : ovation ! Andrea m'explique : « Ce fut un acharnement réciproque de notre part, enseignants en herbe, et de nos petits élèves. Le succès nous a récompensés. Nous avions fait une belle expérience. Comment nous adapter aux besoins de ceux qui sont privés de leurs droits les plus élémentaires, comment lutter avec et pour eux dans un compagnonnage où ils se sentent respectés ? En nous appuyant sur ces mêmes principes, nous avons lancé l'ONG Sant'Egidio. Elle compte actuellement sept mille jeunes, acteurs dans un service social ouvert à tous les âges, fondé sur le respect, l'écoute, la bataille en commun pour la justice et la paix. »

À chaque situation, une stratégie adaptée. Cette dernière s'élabore toujours à partir de la vision concrète d'une pauvreté qui voue au mal et au malheur, ces deux termes qui ont même racine, remarquait Claudel. En France, nous connaissons aussi la pauvreté matérielle et surtout morale d'une certaine enfance abandonnée. C'est la plus pitoyable, la plus effrayante même. Elle produit la perversité d'adolescents qui volent, violent, tuent sans remords. Farouches, ils foulent aux pieds toute loi, narguent toute sanction. Leur seule valeur : l'argent. Leur seul but : s'en procurer le plus possible pour s'acheter le plus de plaisir possible. Tuer est à leurs yeux un jeu. La société qui n'a pas su leur proposer une éducation normale et aimante se trouve désemparée. Craints, honnis, rejetés de toute institution, ils reviennent sans cesse, goguenards, devant le juge des mineurs qui ne sait plus où les envoyer.

Guy Gilbert, l'apôtre des loubards, n'a pas accepté, lui, de baisser les bras. Quel est son principe ? La valeur de l'être humain. Elle est irréductible car Dieu a créé l'homme à son image. Elle ne disparaîtra jamais, quelle que soit l'ordure qui la recouvre. J'ai rencontré Guy à Faucon, le centre qu'il a fondé dans le Var pour les cas qui semblent désespérés. « Ces gosses, me dit-il, haïssent les humains, des ennemis pour lesquels ils ressentent une sauvage agressivité. Mais leur relation avec les animaux est différente, ils n'en ont jamais souffert. Je confie à chacun une bête (sanglier, kangourou, dromadaire, etc.) dont il est responsable : la nourrir, la laver, la caresser. Une amitié se noue et dénoue peu à peu ce que la violence, subie et renvoyée, avait imprimé. Quand tout est perdu entre humains, il reste la zoothérapie ! »

Comme il est mystérieux, le cœur qui passe de la haine à la tendresse en soignant simplement un être qui s'attache à lui. Quelle soif d'aimer et d'être aimé ! Nous sommes ici devant une exigence vitale, celle d'exister en établissant des liens affectifs fondés sur un don mutuel. Au fond, dans ce combat pour abolir la misère matérielle ou morale, nous retombons toujours sur le même élément primordial : la mise *en acte* d'une relation fondée sur le respect et l'amitié. Je le répète : cette relation doit être établie avant même l'organisation de tout genre d'aide, ou plutôt elle doit l'accompagner comme la note majeure qui assure l'harmonie.

Dans l'analyse des fondements de la lutte avec et pour les pauvres, cherchons maintenant les éléments susceptibles de constituer des initiatives échappant à l'éphémère. Je veux d'abord parler du travail par les relais associatifs.

Travailler en relais associatifs

Dans le siècle qui vient de s'achever, j'ai surtout apprécié la croissance vertigineuse des associations humanitaires. J'en ai connu un grand nombre à travers le monde et j'ai cherché à comprendre pourquoi les actions des unes ont un impact profond et enraciné et celles d'autres semblent plus superficielles. Je suis arrivée à cette conclusion : deux dangers principaux guettent les organisations importantes.

Le premier danger est le complexe de supériorité. Je l'ai principalement constaté en Europe de l'Ouest et en Amérique du Nord, et je n'en suis pas moi-même indemne. « Nous, Français, Anglais, Américains, nous sommes les meilleurs, les plus intelligents. » Évidemment, nous ne le proclamons pas en paroles, mais c'est comme incrusté dans notre mentalité. Nous avons tous à lutter contre ce complexe redoutable lorsque nous entrons en contact avec le tiers monde pour y exercer une aide humanitaire. Nous sommes portés à ne nous appuyer que sur nous-mêmes, sur notre propre acquis, surtout s'il est justifié par de brillants diplômes. Nous ne tenons pas suffisamment compte de la valeur de la culture locale dans sa simplicité, de ses besoins, de ses carences.

On tombe alors dans le second danger, le travail de bureau. On devient un fonctionnaire cloué à sa table de travail, on pond de remarquables rapports sur de remarquables projets d'aide au développement. Sur le papier, c'est excellent, mais on ne s'est pas assez rendu sur le lieu même. On n'a donc pas su s'adapter à ses exigences et à ses normes. J'ai entendu parler d'un magnifique hôpital muni d'un magnifique équipement construit quelque part en Afrique. Cet hôpital n'a jamais pu entrer en fonction, faute d'un approvisionnement suffisant en eau ! Personnellement, j'en ai connu un autre qui avait coûté des sommes folles pour des machines supersophistiquées... lesquelles n'ont jamais servi ou ont été rapidement hors d'état, faute d'expérience du personnel local.

À ce propos, voici une confidence que me fit Federico Mayor lorsqu'il était président de l'Unesco : « Une fois, j'ai été agressé par une femme dans un village d'Afrique. Elle me disait : "Vous décidez tout depuis Paris sans demander notre avis. Vous nous procurez ce dont nous n'avons que faire et vous ne nous procurez pas ce dont nous avons le plus besoin." J'ai longuement réfléchi à ces paroles et, rentré au siège de l'Unesco, j'ai réuni mes collaborateurs : "Ne me remettez aucun rapport sans avoir été vous-mêmes sur place et sans avoir écouté les demandes des autochtones." »

Une de mes expériences se rapproche de celle de Mayor. Quand j'ai été appelée au Soudan par une association de Khartoum, au moment de la grande famine, le comité ne se composait que de Français et d'Italiens. Nous peinions à trouver les ressources nécessaires à la construction des écoles pour 40 000 enfants. J'ai alors exigé le recrutement d'un Soudanais. Quelle capacité nouvelle d'adaptation au pays ! Kamal nous a suggéré de les faire en roseaux, selon la méthode traditionnelle, et tout a bien marché.

D'ailleurs, les gouvernements sont de plus en plus réticents à l'action purement étrangère. On ne peut plus aller dans un pays comme avant. Nous ne sommes plus des colonisateurs. On vient servir, on ne vient pas diriger. Aussi avons-nous créé à Khartoum une association exclusivement soudanaise, simplement soutenue par L'Opération orange et Les Amis de sœur Emmanuelle de Paris et Genève.

Le CCFD (Comité catholique contre la faim et pour le développement) fait aussi partie des associations en pointe qui luttent contre l'assistanat. Il sait trop bien que donner simplement pour répondre aux besoins des peuples les ravale au rang de mendiants. Il cherche à les rendre maîtres de leur propre destin. Le proverbe chinois bien connu résume son action : « Si tu donnes un poisson, tu apaises la faim pour un jour ; si tu apprends à pêcher, tu apaises la faim pour toujours. »

Je témoigne avec quelque fierté que c'est exactement la méthode des associations fondées avec mes amis français, belges et suisses. Voici, pour l'illustrer, la charte des Amis de sœur Emmanuelle de Paris où trois règles de base commandent l'action. Elles sont le fruit de l'expérience, des échecs et des réussites qui se sont succédé depuis la fondation de l'Association il y a une vingtaine d'années. Chaque fois, je les illustrerai par un exemple significatif.

Première règle : une approche pragmatique des besoins en s'appuyant sur un partenariat local

Le conseil d'administration de l'Association s'appuie sur des documents, des témoignages et des analyses de bénévoles et de volontaires sur le terrain. Quels sont, d'après ses carences, les désirs de la population ? Combien de personnes sont-elles concernées ? Quelle part prendront-elles à la réalisation du projet ? Qui est en mesure d'en assurer la responsabilité ? Ces investigations sont menées à la demande d'une association du pays concerné, investie dans le travail social.

Ainsi, l'Association égyptienne pour un développement global (AEDG) est devenue notre partenaire. Son champ d'action couvre une zone à la périphérie du Caire, El-Marg. Durant six mois, nous avons organisé ensemble des rencontres avec les familles, les responsables locaux et les représentants des petites associations de quartier. Nous sommes arrivés à identifier, par la bouche de ceux qui y vivent, les manques et les besoins de ce secteur. Très rapidement, les discussions ont permis de cerner les services qui faisaient défaut : soins en santé de base, cours d'alphabétisation surtout pour les mères et les jeunes filles, emplois et organisation permettant une activité économique. Après de multiples réunions et visites de familles, le partenaire local et nous-mêmes avons repéré les quartiers à couvrir, les domaines d'intervention et les associations de quartier à intégrer au processus de développement. Un pré-projet a donc été soumis à la population des zones concernées. Une trentaine de familles ont validé les propositions, en plein accord avec les représentants du ministère des affaires sociales de la région.

Le projet s'est concentré sur 5 villages pour une population de 30 000 habitants. Avec eux, nous avons défini les objectifs suivants :

— améliorer la santé de 15 000 femmes et enfants;

— alphabétiser 160 personnes par an;

— mettre en place un jardin d'enfants en formant 3 monitrices locales;

— améliorer la situation économique des familles en octroyant 150 prêts;

— développer les associations de quartier et former des équipes locales de développement pour assurer le suivi des activités.

Une ONG du Nord, Les Amis de sœur Emmanuelle, s'est chargée de rédiger le projet et de le présenter à l'Union européenne pour obtenir un cofinancement à hauteur de 50 % du budget. À charge pour l'Association de collecter la différence auprès de ses donateurs ou d'autres bailleurs de fonds. L'AEDG et nous-mêmes, cogestionnaires du projet, assurons le suivi des actions et des dépenses grâce à quelques outils d'évaluation.

L'approche des professionnels envoyés par l'Association permet donc à la fois de répondre aux véritables attentes des populations et d'unir deux modes d'intelligence. D'un côté, la perception intuitive des besoins et des solutions. De l'autre, la compétence dans l'organisation et dans les procédures de financement.

Deuxième règle :
viser à l'autonomie, éviter l'assistanat

Des personnes compétentes sont envoyées sur place en qualité de volontaires pour former du personnel issu de la population locale, avant de se retirer.

Par exemple, la fondation Virlanie est implantée depuis huit ans à Manille, aux Philippines. Chaque année, elle accueille 300 enfants des rues auxquels elle apporte l'hébergement, l'habillement, la nourriture, la scolarité. Elle s'est également engagée dans la défense des droits de ces enfants.

La fondation Virlanie a sollicité notre concours lorsqu'un certain nombre de défaillances se sont révélées. Nous devions intervenir sur deux volets : l'organisation interne et la gestion, d'une part, et le suivi psychologique des enfants, d'autre part.

Pour le premier volet, notre coordinatrice à Manille, avec la direction du partenaire, a choisi un cabinet philippin de consultants capable de mener un audit et d'en accompagner les recommandations dans un environnement associatif et social. Notre coordinatrice, le partenaire et le siège de l'Association à Paris ont suivi pas à pas ce travail programmé pour deux ans. Son financement a été assuré grâce à nos fonds propres. Aujourd'hui, l'équipe locale s'est restructurée, les fonctions ont été redistribuées, les formations ont été dispensées et la comptabilité est assurée avec rigueur. Ce type de remaniement est toujours délicat. Il s'est effectué sans crise grâce à une méthode suivie de collaboration.

D'autre part, devant l'absence d'un programme psychologique en faveur des enfants de la fondation Virlanie, le deuxième aspect de notre mission consistait à en poser les fondations. Le projet, réalisé sur deux ans à partir de 1997, a été mené à bien par une psychologue clinicienne. Il consistait à initier le personnel, et notamment les assistantes sociales, à l'approche psychologique et à l'utilisation d'outils d'évaluation et de méthodes thérapeutiques. Des psychologues philippins ont accepté de travailler avec ce public méprisé et dévalorisé : ils ont été embauchés et ont encadré le travail. Désormais, SIBUI, le centre d'expression et de thérapie, regroupe toutes les activités mises en place durant cette mission. L'accompagnement psychologique des enfants de la rue, maltraités et souvent abusés, est ainsi devenu une spécificité de la fondation Virlanie. Pilote dans ce domaine, son personnel anime des sessions de formation au bénéfice d'autres équipes professionnelles confrontées à la même population.

Troisième règle : des chantiers de solidarité internationaux ouverts à tous

Le but est d'instaurer une aide qui permette un enrichissement mutuel. Il se réalise grâce à une connaissance mutuelle dans le partage du travail et la vie en commun. L'association Les Amis de sœur Emmanuelle est convaincue que la richesse des expériences et des échanges passe par la diversité des rencontres.

Aussi les groupes de bénévoles qui partent en chantier sont-ils soigneusement constitués de personnes d'horizons différents : étudiants, salariés en congé ou en période de reconversion professionnelle, retraités dynamiques. Les motivations sont, elles aussi, multiples et variées. Micheline, 69 ans, retraitée, saute de joie quand on lui apprend que sa candidature a été retenue pour participer au week-end de formation précédant le départ en chantier. Cela fait plusieurs années qu'elle souhaite mettre à profit son énergie et son temps libre au service des autres pour leur bénéfice réciproque. Mais les associations de solidarité internationale sont réticentes devant ses cheveux gris !

L'intention générale est de rencontrer l'autre, de voyager utile, d'apporter sa pierre à l'édifice. Au retour, tout le monde est unanime : « On part avec l'envie de beaucoup donner, et on revient en s'apercevant qu'on a énormément reçu. » Cette constatation, je l'entends de la bouche de chaque volontaire, sans exception. « Un conseil, témoigne Magali à son retour d'un chantier en Inde, si vous voulez apprécier pleinement cette expérience, ne partez pas dans l'idée de changer le monde en fonction de vos propres critères, sachez apprécier chaque pas des partenaires locaux. »

De nos jours, l'action humanitaire est très à la

mode. La fascination qu'elle exerce tient peut-être à l'attrait exotique du lointain, voire à la tentation de l'évasion, mais aussi à un réel désir du don de soi. De toutes les demandes de volontariat que je reçois, les plus touchantes sont celles qui témoignent de l'aspiration à réaliser dans l'âge mûr cet idéal de jeunesse.

Je viens de dire en quoi, si l'on veut passer d'une démarche imaginaire à la réalité, le travail dans le tiers monde exige une éthique et des règles précises d'action. Mais attention ! il m'est possible aussi de lutter avec et pour les pauvres dans mon propre environnement. En Occident, je peux même travailler pour les populations lointaines plongées dans la misère. C'est ici en effet que naissent la plupart des injustices qui pèsent sur le tiers monde. Il est parfois plus efficace de combattre à leur source les causes de la pauvreté du monde que de partir en colmater les effets. La fascination pour le caritatif lointain ne doit donc pas oblitérer cette question : « Mon devoir premier n'est-il pas de chercher quelle est ma responsabilité personnelle en vue du bien commun ? »

Choisir le bien commun

Les multiples livres de valeur qui paraissent sur les questions sociales me confirment dans mon optimisme. *L'Éthique ou le chaos* est un ouvrage remarquable que m'a envoyé son auteur, Jean-Loup

Dherse, qui veut bien m'honorer de son amitié. Je l'ai connu à Washington quand il était vice-président de la Banque mondiale. Ensuite, il a été directeur général d'Eurotunnel, et il est actuellement président de l'Observatoire de la finance à Genève. Il est donc fort au courant des causes de la crise économique, sociale et morale dont il fait une analyse remarquable dans son livre. Il démontre de main de maître que seul le service du bien commun dans les entreprises est un management porteur de sens et d'efficacité. Au contraire, la lutte âpre pour son propre intérêt et qui n'hésite pas à écraser les autres mène notre planète droit au chaos. Le leitmotiv de son ouvrage est : « L'homme est au service de l'homme ; nous sommes tous responsables de la bonne marche du monde. »

La thèse est claire et s'adresse à tous et à chacun : le souci du bien commun suppose que, dans tes affaires, tu fasses une place suffisante à l'intérêt de l'autre.

En février 2001, les évêques canadiens publient une lettre ouverte, « Le bien commun ou l'exclusion. Les Canadiens face à un choix », où ils dénoncent les situations d'inégalité flagrante dans leur pays « riche » et où ils appellent les responsables politiques à se mobiliser contre l'injustice.

Le monde commence à bouger. Je l'avais déjà constaté avec joie en avril 2000, lorsque j'avais assisté à une conférence à l'Unesco sur « Les pauvres qui transforment le monde ». Elle était organisée par le CCFD et le magazine *La Vie*. Devant une salle attentive et comble, les intervenants ont passionné l'auditoire. Monseigneur Kevin Dowling nous a dévoilé une sombre tragédie : le rejet du bien commun de tout un continent, l'Afrique. Il décrivait en particulier le sort des millions d'indigènes d'Afrique du Sud spoliés de leur propre sol par les conquérants européens. Il fallait voir le visage de cet homme. Ravagé, il portait comme un reflet de la cruauté du destin qui dévaste depuis des siècles cette terre d'Afrique. En effet, les colonisateurs européens, s'ils ont créé des écoles et des centres de santé, ont cependant utilisé les meilleures terres pour leur propre avantage, sans se préoccuper habituellement du bien des autochtones. Pour leur propre intérêt, ils ont utilisé les rivalités ethniques sans former des élites susceptibles de diriger les États. Les colons une fois partis, les conditions des massacres ultérieurs étaient remplies. Nous, les Blancs, qu'avons-nous fait de nos frères noirs ? Le sang coule à flots : Caïn, qu'as-tu fait de ton frère ?

Heureusement, la lutte avec et pour les pauvres prend actuellement une nouvelle envergure grâce aux voix qui s'élèvent de partout. Parviendront-elles à faire basculer la vision terrible que les puissants ont du monde ? Les nations riches sont surtout préoccupées de préserver ou d'augmenter leur PNB. En fait de bien commun, seul celui de leurs citoyens semble l'objectif ; et plus encore, celui des acteurs dynamiques de l'industrie et du commerce. Il ne s'agit donc en aucun cas du véritable bien commun : celui-ci comporte toujours une portée universelle.

De fait, parmi les hommes influents de la planète, nous entendons la voix de ceux qui veulent universaliser la lutte contre la pauvreté. À chacun sa mission :

Kofi Annan, à l'ONU, n'a pas hésité à se jeter dans l'arène. En avril 2000, il a envoyé un premier rapport sur « Le rôle des Nations unies au XXIe siècle ». Il demandait aux États de prendre des engagements datés et chiffrés contre la misère mondiale. En septembre, il réunit au siège de l'ONU à New York 150 chefs d'État pour analyser les réponses à son rapport. Leur déclaration finale est carillonnante : tous s'engagent, d'ici à 2015, à réduire de moitié la pauvreté dans le monde et de deux tiers la mortalité infantile. Une éducation primaire sera assurée à tous les enfants.

On serait dans l'admiration des résolutions prises à New York si un financement avait été assuré pour ces projets ambitieux. On attend le soutien des grandes entreprises privées comme Microsoft, qui a offert 50 millions de dollars pour la lutte contre la polio. Ted Turner, de la Time Warner Inc., s'engage à verser 1 milliard de dollars. Mais, comme le président du Ghana l'a fait remarquer, ce sont précisément ces multimillionnaires qui assurent leur fortune en faisant travailler, pour un salaire dérisoire, les malheureuses populations, enfants compris, des pays en voie de développement. Quant aux multinationales, elles s'emparent à bas prix des ressources du tiers monde et le maintiennent dans la misère. Nous sommes donc encore aux antipodes du bien commun, et bien loin de faire basculer la vision injuste du monde. Le mot d'ordre « Le bien commun ou le chaos » n'est pas encore à l'ordre du jour chez les ultralibéraux qui régissent le commerce international. Leur faire voir plus loin que leurs actions en

Bourse est une entreprise quasi désespérée. De temps en temps, un beau don généreux satisfait leur conscience en même temps qu'il leur assure une bonne publicité.

Pourtant, la violence grandissante des exclus à l'intérieur des pays occidentaux commence sérieusement à inquiéter. Nos banlieues chaudes regorgent de chômeurs. Les jeunes au sang vif sont toujours prêts à casser et à brûler. De plus, vus du tiers monde, les pays nantis sont autant d'eldorados, mines d'argent et de plaisirs. Les candidats à l'immigration se font des illusions malheureusement entretenues par des passeurs véreux ; ils y perdent toutes leurs économies et finissent, la plupart du temps, dans des cités-dortoirs en proie au mal-être. Saint Basile de Césarée, saint Jean Chrysostome, saint Thomas d'Aquin et tant d'autres n'ont pas attendu pour prôner la destination universelle des biens. Je le répète après eux : une obligation morale s'impose aux privilégiés — ne pas refuser le partage avec ceux qui n'ont rien.

Quelle est l'action la plus directe pour pallier les risques que comportent les déséquilibres internationaux, sinon de viser le bien commun ? Le partage dont il est ici question ne se contente pas d'aumônes, mais appelle une juste répartition des richesses sur la planète. Tout le monde est d'accord sur le principe, mais qui est prêt à changer ses habitudes de consommation, à accepter une vie plus sobre et à exiger des structures internationales fondées sur la justice, quitte à contrecarrer ses ambitions et intérêts personnels ?

Au XVIIIe siècle déjà, Montesquieu n'osait-il pas relativiser les intérêts individuels, familiaux et nationaux en faveur du bien universel ? « Si je savais quelque chose qui me fût utile, et qui fût préjudiciable à ma famille, je la rejetterais de mon esprit. Si je savais quelque chose utile à ma famille, et qui ne le fût pas à ma patrie, je chercherais à l'oublier. Si je savais quelque chose utile à ma patrie, et qui fût préjudiciable à l'Europe, ou bien qui fût utile à l'Europe et préjudiciable au genre humain, je la regarderais comme un crime. »

Mais l'expérience le montre : on ne se résout pas à trancher dans le vif et à s'attaquer aux intérêts particuliers ; on attend que la situation empire. Il est alors trop tard, et c'est la catastrophe. Qui peut prévoir quel sera le monde de demain ?

Toutefois, ne soyons pas pessimistes : si l'on peut être sceptique sur la réalisation des promesses mirifiques des États proclamées à l'ONU, si l'on peut ne pas être d'accord sur certaines méthodes de financement, si l'on est conscient de l'incapacité des hommes à accepter l'abolition de certains privilèges, il n'en reste pas moins que la lutte s'est intensifiée pour faire reculer la misère. Oui, il y a de l'espoir : le monde bouge. Mais qui, finalement, provoque cet ébranlement, sinon ceux qui œuvrent sans paraître et alertent les consciences ?

Être personnellement responsable

Chaque individu est la clef de la possibilité d'un monde plus juste, que le champ d'action soit important ou modeste. Pour les uns, il peut s'agir du domaine de l'emploi. Créer aujourd'hui une entreprise avec le souci d'y insérer de jeunes chômeurs suppose un certain courage. Voici quelques extraits d'une lettre reçue de Véronique : « En tant que cocréateur d'entreprise, je me pose souvent la question de sa finalité. Je pense qu'elle est double, sociale et économique. Si je regarde les jeunes que nous avons embauchés depuis deux ans, beaucoup se sont mariés, ont déjà eu un ou deux enfants, ont appris un métier. Même physiquement, ils ont changé : ils se sont étoffés. Ils ont pris leur vie en charge. C'est ce dont je suis le plus fière. »

Toujours dans ce domaine, un article suggestif du magazine américain *Time* de mai 2000 a attiré mon attention. Intitulé « *Europe's jobs challenge* » (« Le défi de l'emploi en Europe »), il affirme que l'Europe possède 100 millions (pas moins !) d'emplois non réalisés *(unrealised potential)* par manque de formation. Le problème du chômage serait donc, en partie, dû au fait que les jeunes ne sont pas assez préparés au monde moderne du travail. L'auteur, James Graff, appelle à une révolution de l'éducation. Il parle des entreprises qui peuvent jouer un rôle actif dans cette préparation. Quelle que soit l'audience que l'on accorde à ce genre d'analyse, ne peut-elle pas être le point de départ d'une réflexion ? Là où je suis, qui puis-je aider à développer ses connaissances en fonction des besoins actuels ? Puis-je prendre en charge un jeune en rattrapage scolaire ? Puis-je convaincre de nouveaux chefs d'entreprise d'accepter des personnes encore non qualifiées pour les former ?

Pour d'autres, leur responsabilité personnelle peut se porter sur la question du logement. 100 000 sont vacants à Paris, alors que 60 000 dossiers de familles en recherche s'empilent auprès de la préfecture, des mairies et des bailleurs sociaux. Comment ces 100 000 propriétaires peuvent-ils dormir la conscience tranquille ? En France, 1 million de personnes vivent dans un logement de fortune. A-t-on le droit d'avoir à sa disposition, pour quelques week-ends seulement, une belle résidence secondaire ? Je pose simplement la question : elle suscitera, je n'en doute pas, des réponses valables sur lesquelles je ne suis pas habilitée à porter un jugement.

Xavier Emmanuelli n'est pas le seul, avec l'abbé Pierre, à s'attaquer à ce problème crucial. Ils en parlent et en reparlent pour ébranler l'opinion publique. Moi aussi, j'y pense et j'y repense. Combien de fois, le soir, j'éprouve de la honte en rentrant dans ma chambre bien chauffée alors que mes frères SDF grelottent quelque part dehors, dans la nuit. Pourquoi eux et pas moi ? Ah ! si j'étais plus jeune ! Est-ce que je me bats de toutes mes forces avec et pour eux ? Que pourrais-je faire de plus ?

La responsabilité personnelle se développe, à mon avis, dans la mesure où l'on est confronté à la misère. J'ai un jour proposé au cardinal Lustiger d'encourager ses séminaristes à coucher parfois sous les ponts à Paris. Ne serait-ce pas la manière la plus directe pour eux de comprendre le problème des sans-logis ? Peut-être se poseront-ils plus tard la question des chambres vides dans leurs futurs presbytères ? Je ne souhaite pas que tout le monde fasse l'expérience de la misère. J'ai horreur du misérabilisme. Je souhaite seulement que chacun se donne les moyens d'éveiller sa conscience.

En furetant parmi les bouquins d'une librairie, j'ai un jour découvert un précieux petit livre édité par Bayard : *Travailler autrement — Travail — Chômage — Solidarité.* J'ai apprécié ses exemples très simples, à la portée de tous. Il y a, paraît-il, des emplois de solidarité officiels où j'offre à un chômeur un emploi socialement utile. L'éventail est grand. Je peux lui demander de s'occuper de mon jardin, d'une personne âgée ou malade, de mon ménage, d'accompagner mes enfants le soir dans leurs études. J'entends parfois cette phrase de la bouche d'un SDF : « J'ai enfin trouvé un travail dans une famille. Je suis devenu un peu comme un membre de la maison. » Il est difficile de décrire la fierté avec laquelle ces mots sont prononcés. Ne sommes-nous pas tous appelés à faire sortir du puits celui qui y est tombé, à lui rendre une place dans la société ?

La même joie se retrouve dans la voix des retraités qui me confient : « Je fais maintenant partie d'une association, je suis bénévole dans une activité du quartier. » Le cœur de l'homme ne tressaille-t-il pas chaque fois qu'il crée un lien social pour lui-même ou pour d'autres, qu'il aide un être humain à se mettre debout, à marcher ?

Les initiatives en ce sens ne sont pas uniquement individuelles. Des gens s'associent et s'organisent pour réfléchir et pour agir. Voici les échos d'un colloque organisé il y a peu par le Secours catholique, qui réunissait des chefs d'entreprise, des économistes et des représentants d'ONG. J'ai été agréablement surprise : pas de discours ronflants sur la nécessité de changer le monde ; pas d'appel aux grands sentiments humanitaires qui n'éveillent qu'une émotion passagère (comme je crains de le faire parfois) ; dès l'ouverture, le président suggère de présenter d'abord des exemples vivants sur l'implication personnelle : « Moi, j'ai tout simplement ouvert à un pauvre type mon garage que je n'utilisais pas tellement. Je lui ai fourni l'eau et l'électricité. Et voilà notre homme devenu propre. » C'est exactement ce qu'un SDF me disait un jour, d'une voix qui tremblait un peu : « Depuis que je suis dans un garage, ma vie a basculé. Je ne suis plus un misérable qui traîne dans la rue. »

Une des femmes présentes insista sur la responsabilité au sujet des enfants, même de ceux qui ne sont pas les nôtres : « J'ai une copine qui n'a pas le temps de s'occuper de son fils. Ai-je le droit de m'en désintéresser ? Mon garçon est privilégié car, tous les jours, quelqu'un vient le soir à la maison pour l'aider dans ses devoirs. Maintenant, les deux enfants en profitent ensemble. »

Un des thèmes du colloque affirmait la solidarité comme sœur de la justice. Je souscris à ce point de vue, et de multiples façons. En particulier, je pense qu'il y a un juste retour des choses. Celui qui entre dans une démarche de solidarité rejoint en effet l'essence même de son être. Il éprouve alors un enrichissement qui lui comble l'âme. Certes, ce n'est pas son but premier. Mais celui qui exerce sa responsabilité au bénéfice des autres entre dans sa nature d'homme libre et fraternel.

Sans détour, considérons aussi une des faces obscures de l'âme humaine. Devant une réussite, nous soulignons volontiers la part importante que nous y avons prise. Au contraire, qu'un échec se produise et c'est toujours plus ou moins la faute de l'autre ! De même, nous avons tous tendance à imputer aux autres la responsabilité de l'injustice structurelle. Les multinationales, les gouvernements, les élus ont certes leur part, mais qui achète des actions aux grandes entreprises, qui met tel ou tel à la tête de l'État ? N'est-ce pas moi, n'est-ce pas toi, n'est-ce pas nous ? Esclaves de la consommation, ne sommes-nous pas trop obsédés par le désir de posséder toujours plus ? Sommes-nous au contraire poursuivis par le souci de créer une société plus juste et plus équilibrée où nous accepterions d'avoir moins pour que d'autres aient plus ? Si l'on touche à mes privilèges, me voilà en grève et en manifestation. En France aujourd'hui, nous sommes arrivés à une mentalité et des comportements exactement contraires à ceux que prônait Montesquieu : mieux vaut l'intérêt de ma corporation plutôt que celui de la Nation, mieux vaut l'intérêt de ma famille plutôt que celui de ma corporation, et mieux vaut mon propre intérêt que celui de ma famille ! C'est à chacun son propre plaisir.

Je propose cette considération à mes lecteurs, à reprendre chaque jour dès le matin : dans l'espace que j'occupe ici et maintenant, est-ce que j'allège ou j'alourdis la vie de mon entourage ? Chaque partie est responsable du tout. Dieu seul connaît les conséquences de mon attitude positive ou négative. Il faut s'arrêter là-dessus : est-ce que, grâce à moi, les gens que je rencontre sont plus heureux ? Peu importe que je sois chef d'atelier, enseignante, mère de famille, artisan : est-ce que mon mode habituel de présence, de relation, de travail contribue à aggraver le poids de la vie ou, au contraire, améliore l'ambiance et la bonifie ?

Je viens, et longuement, de plaider en faveur de l'exercice de nos responsabilités personnelles. Se repose alors la question centrale de ce chapitre : agir, oui, mais pour qui, comment et à quelles conditions ? Pour conclure, je voudrais donc résumer les critères majeurs d'une action efficace avec et pour les pauvres.

Le cœur

Quelle est la clef qui ouvre une relation vivante, d'homme à homme ? Le cœur au sens pascalien du terme, c'est-à-dire le centre le plus intime de la personne, là où s'unissent les facultés d'intelligence, de sensibilité et de volonté. C'est le cœur qui réchauffe et brûle. Il donne chaleur et vie à notre approche de l'autre. L'autre n'est pas appréhendé par un raisonnement froid, ni par une émotivité pure, ni par une détermination rigoureuse, mais par un élan spontané de l'être tout entier. La démarche est différente selon les tempéraments, mais une même flamme habite ceux qu'anime une même passion caritative.

Le partenariat

Le succès tient ensuite au travail en partenariat. Ce partenariat est bien sûr celui du travail d'équipe dans les associations et organisations. Il doit être aussi celui d'une collaboration avec les institutions locales. Mais, avant toute chose, il s'agit pour moi d'être partenaire de ceux qui souffrent. La première chose à faire est de les écouter : ils connaissent mieux que quiconque et les causes de leur détresse et ce vers quoi ils aspirent pour en être délivrés. Ils sont naturellement, eux, les mieux compris par ceux qui les entourent.

Le respect

Sans le respect témoigné au pauvre, rien ne sera construit de valable. L'attitude intérieure affleure dans le regard, le geste, le ton et elle sera immédiatement ressentie par l'homme que la vie a écrasé et écorché. La supériorité tue le contact, la déférence le noue. Quand un climat d'égalité se dégage, la lutte avec et pour le pauvre acquiert sa force primordiale. L'autonomie est l'objectif premier auquel toute personne aspire. C'est sagesse que de savoir laisser les rênes et se retirer dès qu'on n'est plus utile. Tout acteur humanitaire digne de ce nom suit cette règle.

Le bien commun

Le bien commun, c'est l'enjeu du *bien vivre* pour tous et pour chacun. Il demande de comprendre dans quel chaos le monde risque d'être précipité si l'on abandonne à sa misère plus de la moitié de l'humanité. Détenteurs de la richesse mondiale, y pensez-vous ? Nations, institutions, entreprises, individus crispés sur vos intérêts particuliers, mesurez-vous qu'il s'agit d'une question de vie ou de mort, non seulement pour les autres, mais aussi pour vous-mêmes ? Le déni du bien commun transforme peu à peu le monde en un volcan. Les laves accumulées contre toute justice déferleront-elles un jour ?

La conscience

Ne l'oublions donc pas : la responsabilité de chacun est directement engagée dans cette lutte urgente pour la justice. Il s'agit d'être conscient que cette petite portion d'humanité où nous sommes engagés nous est personnellement confiée. La justice à établir sur la terre entière paraît une belle utopie. Mais la justice à promouvoir chez nous, dans notre famille, notre bâtiment, notre lieu de travail, notre quartier, notre cité, surgit comme notre premier devoir. Par là aussi, nous devenons véritablement conscients des appels du tiers monde.

Dans les multiples aspects de la lutte avec et pour les pauvres, ce qu'il y a de plus humain dans l'homme dépasse l'individu : « L'homme passe infiniment l'homme. » (Pascal.)

Chapitre III

Richesse de la pauvreté

Où l'on explicite ce qu'on entend par « pauvreté de la richesse » et par « richesse de la pauvreté », avant de proposer une échelle pour atteindre le bonheur.

Je viens de tomber par hasard sur ces lignes écrites en 1759 à Voltaire par la marquise Du Deffand : « Tous ceux qui disent qu'on peut être heureux et bien dans la pauvreté sont des menteurs, des fous et des sots. » Or, je prétends qu'on peut être heureux et bien dans la pauvreté, et c'est même la thèse paradoxale de ce livre. Serais-je donc menteuse, folle et sotte ? Le lecteur en jugera.

Entrons dans le vif du sujet. Ce n'est pas le fait d'être pauvre, dénué, qui provoque instantanément un genre inédit de richesse. Ce n'est pas le fait d'être riche, nanti, qui provoque instantanément un genre particulier de pauvreté. C'est l'évidence même ! Je voudrais d'abord montrer ce que la richesse peut parfois cacher de négatif pour comprendre ensuite ce que j'entends par « richesse de la pauvreté ».

Pauvreté de la richesse

Il est un phénomène que nous expérimentons tous, chez les autres ou pour nous-mêmes. Combien de fois la main se referme, se resserre avec âpreté sur ce qui lui appartient. Une sourde appréhension nous saisit : attention à ne pas perdre, à ne pas se laisser voler ! Ne sommes-nous pas ici à l'origine d'un problème : l'esprit de propriété ? Rousseau a fait remarquer que le malheur de l'homme a commencé le jour où il a clôturé un lopin de terre en proclamant « C'est à moi ! ». Pourquoi est-ce un malheur ? Parce qu'il a clôturé son cœur en même temps que sa terre. Voici l'homme devenu méfiant : son regard sur l'autre change. Ce n'est plus comme avant. Le voisin devient à ses yeux un danger potentiel.

Lorsque j'étais à Alexandrie, j'allais dans le désert soigner les enfants des Bédouins. Dans les tentes voisines les unes des autres, les nomades vivaient familièrement : personne n'avait peur de personne, parce que personne n'avait rien. La tente, d'ailleurs, est un espace naturellement ouvert à tous. Constamment, l'on entre et l'on sort. Ces mêmes Bédouins ont un jour entrepris un fructueux commerce. En quelques mois, les voici devenus riches. À ma stupéfaction, lors de ma visite les vacances suivantes, je me trouve devant des maisons en dur, rigoureusement fermées. Séparés des uns des autres, les gens étaient devenus méfiants. C'était le jour et la nuit.

Dans la majorité des cas, lorsqu'un individu amoncelle des biens matériels, il perd la relation simple et cordiale avec son environnement naturel. Un certain genre de richesse sécrète un certain genre de pauvreté, une désertification. Des sources de vie sociale se tarissent. Aujourd'hui, les résidents des buildings ne se connaissent pas de palier à palier. Les portes sont soigneusement cadenassées. On ne se regarde plus, on ne se parle plus, on n'échange plus. Où est l'ouverture de la tente ?

Les lettres que je reçois sont parfois pleines d'un terrible sentiment de frustration : « Je me meurs de solitude dans mon bel appartement. » Ce cloisonnement, cette coupure peuvent se manifester même en famille, et beaucoup de jeunes l'éprouvent. Des suicides s'ensuivent parfois. Y a-t-il pauvreté plus radicale que celle de malheureux acculés par un tel désespoir ?

Dans les endroits les plus riches où je suis passée, j'ai souvent trouvé une immense attente doublée d'un sentiment d'insécurité foncière. C'est comme une souffrance, un manque de respiration, un étouffement. Chacun se sent isolé. Les autres sont des agresseurs potentiels. Chacun lorgne sur la richesse de son voisin. Lorsque se manifeste le désir de partir au secours de la misère, c'est comme si l'âme aspirait inconsciemment à chercher chez les pauvres la dimension qui lui manque, un enrichissement inconnu. Dans les pays du tiers monde, là où l'on subsiste avec de pauvres moyens, ce désir d'évasion n'existe que pour ceux qui se nourrissent de films américains. Leur rêve est alors d'accéder à ce qu'ils croient être le Bonheur avec un grand B.

Essayons de serrer de plus près les différences de

modes de vie entre le « Nord riche » et le « Sud pauvre ». Le premier est, à juste titre, fier de sa technologie, de ses droits de citoyen libre et organisé, de la modernité. Cependant, il court du matin au soir pour ses affaires. Séduit par telle ou telle publicité alléchante, il est sans cesse en quête des derniers produits de consommation. Imbriqué dans tant d'occupations, il n'a guère le temps de s'intéresser au reste de la société, voire à sa propre famille.

Le Sud vit à un rythme plus ralenti où la relation prend la première place. Les affaires se discutent autour d'une tasse de café qu'on sirote en devisant. Les rencontres de famille et de communauté forment la trame de l'existence. La cabane sans meubles et la ruelle sans lieux de loisirs n'offrent aucune attirance extérieure à l'homme pauvre. Chez lui, pas d'exclu : le malade, l'orphelin, le vieillard sont comme des membres vivants de son être, leur valeur est inviolable, ils ont leur place dans la cabane, au milieu de la famille. La désacralisation de la relation en général et de la famille en particulier est propre à la civilisation du Nord. Le non-productif y est rejeté.

En Europe, j'ai visité quantité de maisons de retraite. Leur apparence est souvent luxueuse mais, en définitive, certaines sont bel et bien des mouroirs. Des malheureux y finissent leurs jours dans une grande solitude. Ils sont parfois abandonnés des leurs. Il arrive même que la famille ne paraisse pas à l'enterrement, comme me le confiait la directrice d'un de ces lieux morbides. Que peut ressentir un vieillard riche de son confort matériel, mais dépouillé d'amour ?

D'autre part, n'est-ce pas un constat quotidien de rencontrer plus souvent la richesse de cœur unie à la pauvreté matérielle, et inversement la pauvreté de cœur alliée à la richesse matérielle ? Pourquoi la Bédouine dont j'ai soigné le fils dans le désert me donne-t-elle avec un sourire épanoui l'œuf que vient de pondre son unique poule ? Pourquoi un milliardaire français ne me remet-il pas la somme promise pour des enfants qui ont faim ? La richesse dans laquelle il est immergé lui tient-elle tellement au corps qu'il ne puisse rien en arracher ? La pauvreté allège-t-elle l'âme, au point que le partage se fasse avec allégresse ?

Je ne résiste pas au plaisir d'illustrer mon propos par ce fait délicieux. Je suis au Luxembourg, chez des amis. Un bambin extirpe un bonbon de sa bouche et le fourre dans celle de son papa, avec un éclat de rire à faire trembler les vitres. Ce petit d'homme exulte de s'appauvrir d'un plaisir pour donner à son père. À trois ans, il manifeste cette joie humaine fondamentale de la relation avec l'autre qui prime sur l'avoir pour soi seul. Il cherche inconsciemment le partage. Seul le souci du partage, de l'égalité et de la justice peut réduire l'insolence de l'homme au compte en banque surchargé.

J'ai longuement médité sur l'écart ontologique, qui touche l'être dans sa quintessence, entre ces deux mentalités, celle du Nord et celle du Sud. Serait-ce que l'homme a besoin d'être débarrassé de tout ce trop-plein qui l'encombre pour apparaître dans sa vérité ? Celle-ci ne pourrait-elle se manifester que dans la privation des avoirs qui l'encombrent ? La condition du jaillissement originel de l'homme, dans son humanité spécifique, n'a-t-elle pas pour nom « pauvreté » ? Cette pauvreté n'est-elle pas libération d'un poids trop lourd ? Attention, pourtant ! L'idéal n'est pas de rechercher la nudité totale d'un bidonville. Il n'est pas, non plus, de dépenser toute son énergie pour le cumul exagéré, l'inflation superficielle. L'idéal, c'est d'abord de jouir tout bonnement de ce que l'on a et de ce que l'on est, sans comparaison avec les autres. Privilégier les relations simplement humaines. Prendre le temps de vivre des échanges désintéressés, de partager chaleureusement avec ceux qui nous entourent. Cette façon d'exister est surgissement de vie, elle est « richesse ».

Richesse de la pauvreté

Cette manière d'être, je l'ai singulièrement expérimentée au cours des vingt-deux années que j'ai vécues avec les chiffonniers du Caire.

Baba Mustapha, un de mes amis musulmans, est aveugle de naissance. Chaque jour au bidonville, il s'assoit sur un carton au milieu des ordures, à l'autre bout de ma ruelle. Il fait bon s'attarder près de lui. « *Ezzey âk, ya Bâbâ ?* Comment vas-tu, Père ? » Un sourire découvre sa mâchoire édentée. Il répond d'une voix chantante : « *Achkor Allah !* Je remercie Dieu, j'écoute les bruits autour de moi, le chant du coq, le cri d'un enfant, le roulement d'une voiture, le bonjour d'un chiffonnier. Je m'unis à la vie qui chante autour de moi et mon cœur chante avec elle. Le soleil me réchauffe, le vent me rafraîchit, les voisins m'apportent des fèves. Rien ne me manque. *Achkor Allah !* Je remercie Dieu. »

De ce visage plongé dans la nuit émane une clarté harmonieuse. La sagesse l'habite, celle de l'homme que rien ne possède car il ne possède rien. Assis sur un tapis d'ordures, il jouit d'une étonnante richesse, la joie de vivre. Il en a trouvé le secret. Il n'a clôturé ni sa terre, ni son cœur. Il n'est pas enfermé entre quatre murs. Avec tout ce qui l'entoure, il jette des liens d'amitié. Il n'est pas propriétaire, il goûte l'usufruit. Dans sa pauvreté, il est parmi les plus riches. Mustapha, l'homme nu, est maître d'un rare pouvoir : au-delà des apparences, il perçoit en tout être son essence belle et bonne, celle initialement créée par Dieu. À travers le temps qui passe, il discerne une résonance d'éternité.

Omou Harbi, une vieille chiffonnière malade, connaît elle aussi la source du bonheur. Dans sa cabane encombrée d'ordures, je la trouve un soir étendue sur son lit, son fils à ses côtés. Nous venons d'ouvrir un foyer pour les personnes âgées : bon lit, bonne nourriture, bons soins. Je lui offre de l'y amener. Elle jette un regard sur son fils : « *Ya habibi,* ô mon chéri, comment pourrais-je te quitter ? — *Ya Ommi,* ô maman, restons ensemble ! » Impossible d'oublier la joie rayonnante de ces deux êtres qui s'aimaient, elle paraissait illuminer le taudis.

Donner et recevoir des tonnes d'amour comble d'une telle richesse que le reste ne paraît plus que chimère : l'âme s'abreuve alors à la source originelle. Attention ! Jouir de bien des plaisirs, baigner dans la richesse d'un univers choisi, c'est naturellement aussi une source de grande satisfaction. Loin de moi l'idée de le contester. Je crois seulement que le tourbillon des distractions distrait précisément l'homme qui s'en repaît des joies qui répondent à sa soif la plus intime. Cette soif n'est-elle pas de vivre chaque instant éphémère en établissant une harmonie avec son environnement ? Cette harmonie suppose cependant d'offrir soi-même un terrain vierge, ouvert, libre de l'encombrement des désirs égoïstes. Ces derniers font nécessairement opposition à l'entente rêvée. Ce terrain vierge, je le nomme « pauvreté du cœur ». Nous touchons ici du doigt le cœur profond, là où l'homme est nu, dépouillé de tout ce qui n'est pas lui-même. Là, à la racine, nous trouvons le besoin incoercible de l'être humain : avancer en cordée avec les autres êtres humains. Ce besoin de sympathie universelle, je ne l'ai guère vu se réaliser dans les pays nantis, mais plutôt dans les pays du tiers monde. Un manque, une pauvreté d'être se manifestent chez les premiers ; un plein, une richesse d'être, chez les seconds.

Ceux qui sont passés d'un monde à l'autre, les volontaires venus travailler en chantier dans un pays du tiers monde, ne disent pas autre chose. Au cours des veillées, j'aimais entendre leurs réactions. L'un s'écriait : « Ici, je me sens libéré du *look,* du paraître, de la superficialité du masque. » « Moi, répondait un autre, j'ai l'impression que ce que je suis en vérité s'épanouit enfin. » Un troisième parlait de sa joie de rencontrer des amitiés simples, naturelles, gaies. Un quatrième lançait : « Eh bien, moi, croyez-le ou pas, j'ai appris à sourire ! »

Quand je les retrouvais, plus tard, en Europe, ces mêmes jeunes de s'exclamer : « Ah ! c'était le bon temps ! » Je me faisais alors l'avocat du diable :

« Pourtant vous n'aviez rien, la nourriture était grossière, vous couchiez à la dure, votre travail était éreintant et le dénuement total.

— Peut-être, mais on était riches d'amitiés chaleureuses, du partage dans la justice. On avait enfin trouvé le sens de la vie, le meilleur de soi.

— Et puis, quelle joie de travailler avec d'autres dans un projet qui améliore l'existence !

— Vous savez, ma sœur, comme elles paraissent bêtes, maintenant, les soirées où l'on s'éclate en accumulant les conneries ! À présent, on recherche de vraies valeurs. »

Le mot est lâché. Comment les ont-ils découvertes, ces valeurs vraies ? Étonnamment pour de jeunes nantis, ils ont accepté de partager une misère des plus repoussantes. Ils ont fini par l'accepter parce qu'ils ont senti le peu de prix des paradis artificiels où ils vivaient. Dépouillés d'un faux éclat, ils entraient dans une relation authentique avec « l'homme-nature », là où la rencontre s'opère dans la simplicité. C'est comme un miracle de renouveau : la partie la plus intime, la plus inconnue, la plus riche de l'être, se dévoile. Elle apparaît comme une oasis de paix où les hommes se retrouvent dans l'harmonie, la joie du partage.

Roseline et Christiane, deux femmes européennes, m'ont tenu en 1999 le même langage quant au secret de leur épanouissement. Roseline me confie : « J'étais désemparée après une soudaine rupture affective. J'ai décidé de partir trois mois en Inde pour aider des enfants orphelins, au risque de tout perdre, argent et santé, en buvant de l'eau polluée au milieu des cafards et des poux. Mais chaque occasion de partage total avec ces petits m'a apporté la richesse d'un émerveillement : mon âme s'est nourrie de leur regard, de leur sourire. Enfin, je touchais à l'essentiel de l'être humain, au souffle divin incarné dans l'homme. Dans la pauvreté matérielle absolue, dans la privation de tout ce qui flatte les sens, j'ai découvert la liberté, loin de cette civilisation de consommation où l'on n'est jamais satisfait. »

De retour en Europe, Roseline fonde l'association Prema pour enfants maltraités. Elle en reçoit une dizaine dans sa maison, qui devient « La Maison du bonheur ». Christiane vient l'aider. Après de multiples problèmes d'ordre affectif, elle connaît, elle aussi, la souffrance. Aujourd'hui elle se dépouille pour les autres. Sa vie bascule : « Quand je donne, j'ai l'impression que quelque chose se dilate en moi, que mon cœur grossit, je me sens nourrie. Un vide intérieur, une sorte de faim que je n'arrivais pas à assouvir, une carence sont maintenant comblés. Dans ce partage des joies et des peines, j'ai enfin trouvé le goût de vivre. »

Certains pourront me dire en lisant ces lignes enthousiastes : « C'est bien joli, mais vous voilà complice d'un système qui engendre la pauvreté, puisque vous en faites l'apologie. Finalement, ces pauvres sont utiles pour le bien de ceux qui s'en occupent ! » Comprenons-nous bien. Ce n'est pas le système qui est en cause. Il provoque un déséquilibre dans la répartition des biens, il constitue un scandale : je l'ai assez dit au premier chapitre. Il s'agit ici d'aller beaucoup plus loin, d'essayer d'atteindre à l'originalité spécifique de l'homme, cachée au plus secret. Nombre de personnes vivent en effet à la surface d'elles-mêmes et ne se connaissent pas au plus profond. Elles ne savent pas pourquoi elles sont mal dans leur peau, et cela alors qu'elles sont inondées de biens matériels. Elles ne s'en doutent pas, mais c'est cette abondance extrinsèque qui bloque leur épanouissement. L'épanouissement ne s'obtient pas à la surface, mais au plus intime du plus intime.

C'est donc au prix d'un certain dépouillement que s'ouvre la voie du bonheur. Cet appauvrissement extérieur est généralement insupportable à l'Occidental embourbé dans le charme magique des plaisirs offerts. Il y est enlisé : dès qu'il en ressent le manque, il ne peut que se révolter. Mais la succession des jouissances ne comble pas non plus le cœur. C'est le cercle sans fin d'une sorte de frustration. On essaie alors de s'étourdir dans le « divertissement » pascalien où « l'on tend au repos par l'agitation » (*Pensée* 139). Si ce n'est pas possible, on rend l'environnement responsable de son malaise et l'on coupe les ponts. Notre société est un exemple constant de ce mécanisme de rupture. C'est en ce sens une société de violence : multiplication des divorces, grèves corporatistes, violences gratuites, désagrégation des relations.

Que dire à chacun ? « Libère-toi de ton fol attachement à tant de choses inutiles au bonheur. » Je ne conseille pas de les jeter par la fenêtre pour vivre comme Mustapha ! Non, il s'agit d'un dépouillement spirituel, un détachement dans la joie. Bien sûr, c'est légitime : on est content de bénéficier d'un certain confort. Le problème : ne pas en faire le but ultime de l'existence, mais s'ouvrir aux autres, partager volontiers, savoir sereinement se passer de tel ou tel objet, de tel beau voyage. On entre alors dans une pauvreté d'âme, on devient pauvre de convoitises.

J'ai des amis qui, en plein milieu aisé et superficiel, arrivent à se ménager une vie sobre, dépouillée du superflu, dans un partage joyeux avec les moins privilégiés. Ils réalisent un miracle : la manifestation de l'être vrai de l'homme. Je parle de miracle, c'est paradoxal mais juste : être simplement « homme » tient parfois du miracle en Occident. C'est une entreprise ardue. Il faut en effet savoir nager à contre-courant, paisiblement, en laissant tomber le paraître pour atteindre cette source originelle qui fait l'être. Si l'essentiel disparaît dans le tourbillon des appâts de la société de consommation, il apparaît au contraire dans le dépouillement de cette superficialité, car la pauvreté vécue relationnellement permet l'éclosion de l'homme en son humanité.

Une remarque importante est à faire ici : pauvreté n'égale pas misère. La misère inclut en effet une privation des besoins essentiels : c'est avoir faim, avoir soif, avoir froid par manque de nourriture, de vêtements, de logement. Les pauvres tels que je les ai connus au Caire ont une nourriture certes frugale mais substantielle, des vêtements simples mais suffisants, une cabane où se réfugier en famille. Ils y vivent heureux puisqu'ils ont leur source de plénitude dans le groupe auquel ils appartiennent. Ils se sentent en sécurité, car ils sont membres d'un corps vivant qui ne peut pas se désagréger. C'est bon d'être ensemble, à la vie à la mort !

Quand le groupe reste homogène et fortement soudé, comme c'est souvent le cas dans le tiers monde, la relation se fait si forte et chaleureuse qu'elle anime et colore l'existence. La rencontre avec la nature humaine dans son authenticité dépouillée offre à l'esprit un champ illimité d'approfondissement. L'homme n'en reste plus à la superficialité d'une pensée commune, la pensée unique modelée par les médias. Il est à l'école de la sagesse, enrichie de génération en génération, et qui se transmet sans altération. Cette transmission n'est pas le produit d'un enseignement théorique, mais d'une tradition de vie. Elle apprend à ne pas rendre l'existence amère et stérile, mais à goûter chaque instant et à le partager avec son voisin. Pourquoi amasser encore et toujours ? Le pauvre marche allègrement sans se charger du souci du lendemain. Ce n'est pas toujours une vertu, mais pour lui le lendemain n'existe pas. Il goûte l'instant présent dans sa totalité. Les simples moments de vie furtifs qui constellent sa journée sont accueillis avec un cœur ouvert. C'est un mot, un geste vite tourné en amusement, un éclat de rire... Petits riens qui se succèdent et rendent léger le poids des heures.

Dans le bidonville, on se valorise à travers la nudité des choses, dans l'efflorescence des retrouvailles. Ici le temps ne se déroule pas dans le vide, il se charge d'un poids d'humanité. Chacun est tout bonnement soi-même, en confiance avec l'autre car, dans la nudité, il reste homme. J'y ai appris à goûter la relation avec l'homme, j'ai compris qu'elle est la source vivante qui rafraîchit le cœur.

Dans un pays dit évolué, ce mode d'existence n'est pas facile. En effet, il ne s'agit plus de rester immergé mais d'« émerger » parmi les autres, de développer au maximum son individualité. Chacun veut se distinguer dans le milieu familial, voire s'en séparer. Dans le milieu social et professionnel, c'est la compétition. Chacun rêve d'être libre pour marcher sans entrave vers son propre épanouissement. Il faut accumuler le plus de connaissances possible, apprendre à s'opposer pour s'affirmer, développer au maximum sa seule valeur. Plutôt que d'être membre d'une société, on est un individu perdu dans une masse qui se protège du risque de rencontres non programmées.

En définitive, la vie humaine dans le tiers monde illustre, à mon sens, les deux constantes de la définition de l'homme selon Aristote : l'homme est *zoôn politikon. Zoôn* — un animal. Il mange, il boit, il dort, il procrée. Mais il est de plus, essentiellement, *politikon* — con-citoyen au sens que lui donnent les

Grecs : c'est la cité (*polis*), la vie sociale, qui permet la relation donnant à l'homme sa valeur spécifique.

L'homme nu, dépouillé d'oripeaux et d'appâts comme le chiffonnier du Caire, est naturellement porté à multiplier les liens avec ses congénères : il puise continuellement à cette source la joie enrichissante d'être partie prenante d'un tout éclatant de vitalité. Il est au confluent du jaillissement propre à l'être humain. Dans les bidonvilles, cela se traduit très simplement : les portes des cabanes sont toujours ouvertes, les femmes sont le plus souvent dans les ruelles, occupées à faire bouillir la lessive tout en conversant avec les voisines. Quant aux hommes, ils n'en finissent pas de palabrer. Certes, on se nourrit chaque jour des mêmes aliments, fèves et salades, mais c'est dans un climat convivial assaisonné de *nokta,* d'anecdotes qui remontent à la nuit des temps et qui déclenchent chaque fois l'hilarité.

Le bidonville n'est pas, en effet, privé d'occasions de joie. La joie ne vient pas de plaisirs que l'on goûte au-dehors de chez soi, mais elle jaillit des fêtes de famille. Naissances et mariages se succèdent à un rythme soutenu. La communauté des chiffonniers s'y retrouve chaque fois dans une explosion de gaieté. Cette joie vient, me semble-t-il, du fait de ressentir à l'unisson. Parents et amis forment une communauté de joie. Lorsqu'un Européen se trouve seul devant un spectacle, ou encore avec quelques copains, sans connaître ceux qui l'entourent, il n'en va pas de même. Il n'en sort pas appauvri, certes, mais il n'est certainement pas comblé de la même manière que les chiffonniers.

Étonnamment, les deuils apportent aussi au bidonville leur moisson bienfaisante. D'abord, on a gardé chez soi l'être cher, jusqu'à son dernier soupir. Au moment de la mort, ensuite, le même esprit communautaire se manifeste. Des jours durant, les uns et les autres se succèdent pour témoigner leur sympathie à ceux qui pleurent. On reste assis pendant des heures, on parle peu mais on est là. On répond présent, et cela réchauffe l'âme. Chacun est ainsi enrichi d'amour, de la naissance à la mort.

Dès son enfance, le gosse est baigné dans cette même atmosphère sociale et joyeuse. Il n'a pas de jouets mais il déambule avec ses copains, à cheval sur un morceau de bois, tirant une vieille boîte avec une pauvre ficelle, au milieu des hurlements de joie et des regards amusés des adultes. La fillette, elle, berce avec fierté dans ses bras le petit dernier dont elle se sait responsable : avec une poupée vivante, elle goûte déjà la félicité, elle se sent être maman. Nos enfants envahis de jouets sophistiqués, souvent seuls devant leur ordinateur, connaissent-ils fréquemment l'entrain du jeu entre copains ? Ils n'ont rien du visage inondé de gaieté des petits chiffonniers, pas plus que leurs parents ne partagent les bons rires qui fusent au bidonville. Dans beaucoup de familles, personne n'est à la maison pour accueillir le jeune élève qui revient de l'école. Bien souvent, le soir, le dialogue s'instaure peu entre les enfants et les parents esquintés par un labeur harassant. Nos fillettes européennes et américaines, avec leur Barbie dernier cri, sont-elle initiées à l'enchantement maternel ? On peut en douter. Évidemment, et heureusement pour elles,

elles ne sont plus exclusivement formées au rôle d'enfanter, de soigner, de faire grandir des enfants. Elles ont droit à un épanouissement personnel en dehors de la famille, à être valorisées par un job qui les intéresse. Il reste pourtant que, par le fait d'être tout en même temps mères, épouses et travailleuses à plein-temps, les femmes occidentales vivent un stress permanent que les chiffonnières ne connaissent pas. Comme quoi l'idéal ne se trouve pas facilement sur terre !

Un phénomène me stupéfie cependant : au bidonville, on dirait que je change de peau, plus trace de mon ego : je n'ai plus « l'avoir » mais « l'être ». J'existe comme membre d'une part de l'humanité avec laquelle je respire, mange et dors, pense et parle, je suis pauvre de biens et riche de vitalité partagée et joyeuse. Je ne vis plus à mon rythme individuel nécessairement limité et étroit, mais comme au rythme de l'humanité de l'homme.

Les études abstraites qui m'ont longtemps passionnée ont perdu leur attrait. La science de l'amour, en effet, ne m'a été enseignée dans aucune chaire universitaire. Les chiffonniers, eux, ont été mes maîtres. Ils m'ont appris que plus on sort de soi pour aller vers les autres, plus on prend de volume et de densité. Le quotient relationnel est plus important que le quotient intellectuel. Le rapport juste aux choses et aux autres ne vient pas du cerveau mais de la fine pointe de l'âme. Elle se moque, elle, de la richesse économique qui sécrète l'exclusion. Elle connaît la valeur de ce qui, sur notre terre, ne se calcule pas en chiffres accumulés, mais se monnaie en ces mille liens d'amitié entre les pauvres de cœur.

L'humanité comprend deux populations dont les modes de vie sont complètement opposés. D'un côté, ceux qui tablent sur le *look*, sur la consommation de plus en plus de biens. Ils ploient sous leurs richesses et leurs plaisirs. Ils avancent solitaires sur la route de l'existence, le visage soucieux, le cœur insatisfait, la main fermée. D'un autre côté, une masse humaine. Ceux-là sont dépouillés de toute apparence, de toute attitude de triomphe sur les autres. Ils marchent d'un pas léger, le visage ouvert, la main tendue, au sein d'une communauté fraternelle et joyeuse.

Comme il est difficile de ne pas s'enliser dans la richesse matérielle ! Elle tend ses bras séducteurs, elle fait miroiter toujours plus de plaisirs possibles, elle charme et fait brûler du désir de posséder toujours davantage, elle incite au divertissement. « Je » deviens alors le centre du monde. Coupé de la relation essentielle à l'autre, l'homme s'appauvrit. Il devient moins humain parce que moins *politikon*, moins relié à un groupe, une communauté.

En effet, c'est chacun pour soi, mais sûrement pas Dieu pour tous ! « Bienheureux les pauvres de cœur », enseignait Jésus-Christ. Oui, HEUREUX celui qui entre en humanité. HEUREUX celui qui se dépouille pour laisser jaillir en lui l'homme vrai, l'homme nu, l'homme fraternel, l'homme dont le plus grand bien est sa relation avec les autres. Cette pauvreté-là est bonheur. Elle est la condition originelle de l'existence humaine. « Heureux, vous les pauvres :

le royaume de Dieu est à vous. Heureux, vous qui avez faim maintenant : vous serez rassasiés ! » (Luc **6** 20-21.) Je te souhaite, ami lecteur, d'entrer dans la confrérie des bienheureux, de ceux qui ne croient pas leur identité fondée sur leurs richesses matérielles, spirituelles, intellectuelles, mais sur la richesse de leurs alliances.

L'échelle du bonheur

Les moines égyptiens aimaient représenter par une échelle la montée de l'âme. C'est pourquoi, au VIIe siècle, Jean Climaque intitule son ouvrage *L'Échelle.* Ce livre fut, après la Bible, le best-seller du temps, le guide le plus consulté en Orient comme en Occident. Au commencement, l'âme rompt avec les biens du monde, puis s'appuie sur les vertus fondamentales — dont le souvenir de la mort ! — et, à travers la lutte contre les passions, le moine s'élève jusqu'à l'*agapê,* l'amour gratuit de Dieu et des frères. Je me suis inspirée de ce mouvement pour proposer ma version d'une montée possible vers le bonheur.

L'échelle du bonheur

SOMMET :
L'HOMME NU DANS SON JAILLISSEMENT ORIGINEL ;
ZOÔN POLITIKON, L'HOMME RICHE
DE SON HUMANITÉ SOCIALE, RELATIONNELLE

	MODES D'ÊTRE	**MONTÉE**	**EFFETS**
2ᵉ phase : attraction de la pauvreté	3. L'homme passe l'homme	Fraternité authentique	Paix et joie
	2. Avoir diminué, être renforcé	Esprit et cœur allégés	La vie paraît belle
	1. Intérêt pour l'autre	Épanouissement de la personnalité	Fierté de se sentir valorisé
	Virage		
	Renoncement aux séductions de la richesse	Libération de l'être	Sensation de revivre
	Virage		
1ʳᵉ phase : séduction des richesses	3. Attachement exagéré à l'ego	Lourdeur de cœur	Perte de sens
	2. Recherche effrénée des plaisirs	Lourdeur de cœur	Malaise, mal-être
	1. Poursuite des biens matériels	Lourdeur de cœur	Situation flatteuse
	MODES D'ÊTRE	**MONTÉE**	**EFFETS**

J'ai essayé de représenter dans ce schéma les échelons qui mènent à la libération expérimentée par ceux qui sont entrés dans la richesse de la pauvreté. Loin d'éprouver une perte, un rétrécissement de vitalité, ils atteignent un développement inespéré d'identité. L'avoir personnellement vécu, c'est époustouflant ! On goûte le déroulement de son existence non plus comme une fuite décevante du présent qui tombe dans le néant, mais comme une montée vers une plénitude qui perdure.

Première étape :
séduction de la richesse appauvrissante

• Poursuite des biens matériels

Nous voyons, au bas de l'échelle du bonheur, ceux dont l'idéal se concentre encore uniquement sur les biens matériels. L'important pour eux est d'acquérir une belle et flatteuse situation qui ouvre la porte à tous les plaisirs. Les facultés d'intelligence et de volonté convergent vers ce seul objectif : la conquête de l'argent. La vie se déroule à la poursuite de cette proie que l'on n'arrive jamais à saisir complètement. Je pense au ballon qui se remplit d'air et qui échappe des mains d'un enfant au fur et à mesure qu'il se gonfle davantage. La convoitise de l'argent ne va-t-elle pas s'amplifiant ? N'engendre-t-elle pas une insatisfaction perpétuelle qui accompagne en sourdine la jouissance des plaisirs superficiels ? Et le besoin de posséder ? Il habite chacun d'entre nous et nous place au cœur d'une forme de paradoxe : il y a une façon de posséder qui dépossède, c'est-à-dire qui bloque l'agrément. Un cas extrême : *L'Avare*, de Molière. « Mon argent, mon cher argent, ma vie... » Posséder ne sert qu'à repaître le regard et à échauffer la peau des doigts. L'avare ne possède pas, *il est pos-*

sédé. Il ne profite pas de ses biens pour acquérir et jouir. Son argent est un bien en soi. Il y a différentes manières de lui ressembler. J'ai connu un bibliothécaire qui refusait de prêter ses livres parce qu'il ne pouvait pas cesser de se délecter de leur vue sur les rayons. Nous connaissons tous des mères possessives — c'est le même mécanisme — qui entravent le mariage de leurs enfants qu'elles considèrent, finalement, comme leur bien. Du coup, elles ne jouissent pas vraiment du fait d'avoir des enfants. Elles ne veulent pas les « lâcher » et ne connaissent pas la joie de celles qui ouvrent grand leur foyer au nouveau conjoint et à la venue de petits-enfants.

On peut entrer dans ce cercle de l'avoir sans, pour autant, posséder beaucoup. J'entends encore un prédicateur avisé nous lancer, à nous religieuses : « Mes sœurs, attention à ne pas posséder ; c'est *mon* balai, *mon* chiffon... » Une seule chose suffit pour qu'on s'y attache !

• Recherche effrénée des plaisirs

Dans ce cercle sans fin, le plaisir doit continuellement s'accroître et ses occasions se diversifier pour garder sa capacité d'excitation. Le cœur perpétuellement frustré, on est entraîné dans une recherche effrénée de divertissements : il faut « s'éclater » sans frein.

Mais la santé physique et morale ne va pas sans un certain équilibre. Quand celui-ci est compromis par le manque de sommeil, par l'absorption de drogues (café, alcool, etc.), le malaise devient plus ou moins prononcé selon la proportion et la prolongation des excès. D'autant que le malaise s'accompagne d'un mal-être : rien, finalement, ne vient combler l'insatisfaction. La course aux plaisirs devient l'emplâtre sur la jambe de bois. Comme il est laborieux, même au milieu des troubles du corps et de l'âme, d'échapper à ce qui flatte si agréablement les sens ! Combien de fois n'ai-je pas entendu cette phrase murmurée d'une voix accablée : « Je sais que je vais à ma perte, je sais le dérèglement de ma vie, mais je ne peux pas me retenir » ? Oui, elle est grande, la faiblesse humaine !

• Attachement exagéré à l'ego

D'où sort donc cet esclavage — il n'y a pas d'autre mot ? L'esclavage des passions repose, me semble-t-il, sur un attachement exagéré à son ego. On se considère en fait, souvent inconsciemment, comme le centre du monde. La gravitation universelle s'est muée en gravitation individuelle. On tourne en rond, centré sur son nombril. Les autres ne présentent d'intérêt que s'ils peuvent être utilisés à ses propres fins. On les pressure comme un citron qu'on jette après en avoir exprimé le jus. Et cela vaut pour tous les rapports, qu'ils soient affectifs, sexuels, sociaux et même professionnels.

L'existence n'en est pas pour cela agrémentée. Au contraire, elle perd son sens. S'enfermer dans sa bulle sans autre souci que le plaisir de sa chétive personne, c'est macabre. Quand on se concentre sur soi seul, j'ose dire que la vie, qui est flux et reflux dans la relation animée, se désagrège. Lorsque la perception d'un malade s'étiole au point qu'il ne puisse plus communiquer, on le qualifie vulgairement de

« légume ». L'expression doit plutôt s'appliquer au pauvre type ou à la pauvre fille renfermés dans leur coquille centripète : ils ne communiquent plus. Des légumes.

Que peut-on dire de son cœur, ce cœur fait pour l'échange, le flux et le reflux de la relation, le don mutuel dans l'amitié et dans l'amour ? Son cœur, son pauvre cœur, n'est plus animé par cette double circulation de vie. Il s'alourdit sous son propre poids. Quoi de plus triste — moi, ça me perce l'âme — que la vue de certains individus, des jeunes surtout, englués dans leur solitude ? On les sent accablés d'un immense dégoût : dégoût des choses, dégoût de la société, dégoût des hommes, dégoût d'eux-mêmes. Ils éprouvent la non-valeur de leur propre existence et de leur vision du monde.

J'aime deux jeunes amis pour leur loyauté sans faille. Ce garçon et cette jeune fille sont tous deux enchaînés à une vie de plaisirs où ils goûtent toutes les jouissances possibles. La morale de grand-papa n'entre pas dans leur préoccupation ! Et pourtant, chacun vient me voir dans ses moments de cafard pour m'affirmer chaque fois que la vie n'a aucun sens. Éric, appelons-le ainsi, ajoute : « Moi, je ne peux pas me passer des filles. J'en ai marre d'elles et de moi mais, vous savez, ma sœur, les pulsions... » Sa voix est rauque, altérée par une sorte de désespoir qui gît aussi au fond de ses yeux. Je ne peux que l'embrasser comme une vieille grand-mère, en lui disant : « Tu ne peux pas essayer de te calmer, de faire un effort ? » Il hausse alors les épaules et s'en va comme il était venu, en courant. Gladys, de son côté, m'avoue le dégoût de sa propre vie : « Une petite employée comme moi ne gagne pas assez pour se payer beaucoup de plaisirs. Alors, de temps à autre, je laisse un richard s'amuser avec moi. En échange, il m'offre mes fantaisies. J'en ai parfois la nausée, de lui et de moi ! Que faire ? J'ai besoin d'argent pour ma sécurité matérielle. » Quand je suggère : « Il t'est vraiment impossible de dépenser moins et d'être libre ? », elle se contente de m'embrasser, les larmes aux yeux, et s'enfuit. Que puis-je faire, avec et pour eux, tant que rien ne les détermine à se revitaliser ?

Le virage

Heureusement, il arrive parfois qu'un événement surgisse et amène à se remettre en question. Ce qui se manifeste alors, c'est le désir de se dépouiller des convoitises, pour vivre un appauvrissement, source de richesse. Il s'agit souvent de la rencontre avec une personne qui a su dépasser l'attirance de l'argent et du paraître pour laisser la priorité à des valeurs sociales, familiales, humaines. Ce qui frappe le plus dans cet homme ou cette femme, c'est son épanouissement personnel : accueil ouvert, partage des joies et des peines avec ceux qui les entourent. Et si je l'imitais, si je prenais un virage revivifiant ?

Je pense à Patricia qui, lors d'un séjour linguistique en Angleterre, a partagé durant six mois la vie d'une amie particulièrement généreuse, Mary. Patricia ne songeait qu'à sortir chaque soir dans des clubs. Mais Mary s'excusait : elle faisait partie d'un autre genre de club dont les membres accueillaient le soir des enfants en retard scolaire. Elle ajoutait en souriant : « Et ça coûte cher de s'amuser ! » Patricia me confia plus tard : « Petit à petit, je suis passée des clubs de plaisirs au club de la joie, cette joie dont Mary était rayonnante. J'ai appris que donner était plus gai que recevoir. » Cette première leçon lui fit changer de vie. Rentrée en France, elle choisit de se consacrer aux enfants handicapés et se proclame aujourd'hui la fille la plus heureuse du monde !

Une lecture peut aussi, parfois, faire redécouvrir le sens de la vie. Ce dernier se présente hors de mon propre cercle fermé, dans une perspective de don. Comment ne pas se rendre compte de la vitalité qui se déploie alors, autrement débordante que dans la course aux plaisirs ? Un élan me saisit et m'emporte au large.

Dans un autre registre, il arrive qu'une souffrance soudaine porte à se diagnostiquer, à s'approfondir. La perte d'un être cher, une maladie accablante, une brutale rupture affective. Le choc produit un ébranlement. Il peut certes amener une dépression plus ou moins prolongée, mais également une remise en question sérieuse de l'orientation de son existence.

Voici quelle fut l'aventure de Patrick. Il était acteur et espérait bien devenir, un jour, une célébrité internationale. En attendant, sa vie était plus que légère. « Ma femme me supportait, car elle ne voulait pas qu'un divorce fasse souffrir nos enfants. Un jour, l'excès de whisky et de drogues m'a mené à une paralysie presque totale. Tout s'écroulait. Vie gâchée, avenir perdu. Heureusement pour moi, ma femme et mes enfants m'ont soigné et soutenu. Au fond du gouffre, je me suis juré de changer de vie, si jamais j'en sortais ! Maintenant, c'est ma famille qui est le centre de ma vie, et non plus la quête de l'argent et de la gloire. Je gagne moins, mais je suis autrement heureux. »

Quel qu'en soit le motif, ceux qui choisissent de prendre le virage qui éloigne des séductions de la richesse expérimentent une spectaculaire libération. Ils sont comme un oiseau échappé du piège, qui s'envole au grand vent de la liberté. Mais... il y a un mais ! Tout n'est pas automatiquement gagné. Il est possible, et même fréquent, de régresser. La coupure se voudrait totale, mais la persévérance n'est pas au rendez-vous. J'admire ceux qui, sans se décourager, recommencent à faire trois pas en avant après leurs deux pas en arrière. C'est émouvant. Ça, c'est l'homme : cette opiniâtreté à se traîner, à avancer, malgré tout, malgré les échecs, malgré les rechutes, malgré l'épuisement, étape après étape. Un jour, il atteindra le sommet. Il faut donc bien souligner que tous les paliers suivants de l'échelle ne se gagnent pas par la force conquérante, mais par cet acharnement en dépit de la faiblesse et de l'impuissance. Ce qui est émouvant dans l'homme, ce n'est pas l'homme victorieux, mais celui qui lutte.

Deuxième étape :
attraction de la pauvreté enrichissante

• L'intérêt pour les autres

Le virage engagé, il se produit un effet automatique : dès que le regard n'est plus collé sur son nombril, il se porte vers les autres. Le visage de l'autre devient ainsi le pôle d'intérêt. Deux conséquences s'ensuivent immédiatement. Premièrement, la personnalité s'épanouit. On expérimente en soi le développement de ce qui constitue l'aspiration intime de l'homme : l'éclosion d'un réseau de liens d'amitié. En second lieu, on éprouve la fierté de se sentir valorisé. Toute relation authentique comporte en effet l'harmonie d'un *donné* et d'un *reçu*. La relation vraie n'est jamais à sens unique. Il en découle un continuel enrichissement. Peut-on être plus fier qu'en goûtant cette harmonie du cœur à cœur qui, comme un fleuve, sans cesse, élargit ses rives en les fertilisant ?

• L'avoir diminué, l'être renforcé

Dans cette opération, la brutalité égoïste, qui n'hésite pas à écraser et à dominer l'autre pour avoir toujours plus, se métamorphose. La main ne se crispe plus autant pour garder pour soi seul et manger tout le gâteau, mais s'ouvre au contraire dans le geste du partage. L'individu ne se montre plus comme un animal solitaire, mais devient un être généreux et fraternel. Dans le flux et le reflux de l'échange, la joie est *commune*, l'esprit et le cœur se sentent légers, la vie paraît belle.

• L'homme passe l'homme

À ce dernier échelon, l'homme expérimente à quel point la fraternité authentique décuple sa vitalité. Alors, « l'homme passe infiniment l'homme ». L'union décuple les forces. De la rencontre des idées, la lumière jaillit. Dans la marche en cordée, le corps s'affermit, l'âme se dilate. La personne se sent grandie dans une dimension auparavant inconnue. La paix et la joie l'habitent. Plus besoin de courir après les richesses éphémères ! Pauvre d'or et d'argent, l'homme est riche de relation. Dépouillé du serpent de l'envie et de la convoitise, il est riche du bonheur de vivre.

Le sens de l'échelle du bonheur, c'est la montée sur un chemin d'enrichissement. Sa condition ? Un certain dépouillement qu'à défaut j'appelle pauvreté, parce que les pauvres que j'ai connus dans le tiers monde le vivent matériellement. Ce dépouillement s'accompagne pour eux d'un enrichissement de l'être. Deux situations opposées, à l'inverse, ne permettent pas cette éclosion humaine. Il s'agit, d'une part, de la misère. La misère aliène, elle annihile, elle mène au désespoir, car elle désocialise, elle exclut. D'autre part, la possession des biens, recherchée pour elle-même, aliène elle aussi. Elle produit la misère de l'âme car elle exclut, elle aussi, et elle sépare des autres.

À ce jeu, qui perd gagne. Que s'agit-il de perdre ? La pauvreté de la part absurde de l'existence qui se déroule dans le néant. Que s'agit-il de gagner ? La richesse d'une vie en marche vers son accomplissement, partie prenante d'une humanité qui avance, solidaire. L'homme retrouve alors la sève de son origine relationnelle. L'harmonie d'une paix profonde s'instaure au tréfonds de lui-même. Le *zoôn politikon* a recouvré son identité. Dans la pauvreté de l'avoir, il a découvert la richesse de l'être.

Chapitre IV

Choisir la pauvreté

Où l'on évoque quelques figures de pauvreté pour montrer la constante libération qui résulte de ce choix de vie, avant d'aborder la particularité des vœux religieux.

La quête est universelle : chaque humain, toi, moi, nous tous, ne cherchons-nous pas le bonheur ? Ne portons-nous pas au plus profond une soif inextinguible d'enrichissement matériel, intellectuel ou spirituel ? Pour beaucoup, la richesse financière apparaît comme la corne d'abondance, distributrice de toutes les félicités. Chez certains, il arrive parfois qu'un éclair déchire cette vision superficielle. Alors ils s'aperçoivent que la multiplicité des plaisirs alourdit leur cœur, tandis que le dépouillement librement consenti laisse respirer leur âme. Une opération positive de dénuement s'ensuit, qu'ils vivent comme une libération.

Figures de pauvreté

Au VIe siècle avant Jésus-Christ, Çakyamouni, appelé le Bouddha, « l'Illuminé », a été une parfaite illustration de cet itinéraire de dépouillement et de libération qui compte encore de nombreux disciples. Avant l'ère chrétienne, les stoïciens en Grèce et à Rome suscitèrent une multiplicité d'émules, comme le célèbre Diogène rejetant l'écuelle pour boire dans sa main. Les Juifs de Qumrân vécurent dans la plus grande austérité. Après Jésus-Christ, qui n'avait pas « une pierre pour reposer sa tête », le désert d'Égypte se couvrit d'anachorètes réfugiés dans des grottes. Je ne m'attarderai pas sur François d'Assise qui avait épousé Dame Pauvreté et lui resta fidèle jusqu'à la mort, dans une nudité totale et une joie exultante. Il est resté comme une figure légendaire inimitable !

Qu'ont-ils cherché, et qu'ont-ils trouvé, tous ceux qui ont choisi la pauvreté ? L'enjeu poursuivi depuis des siècles n'est évidemment pas d'expérimenter la misère : elle reste toujours un mal. De manières parfois différentes, il s'agit chaque fois d'atteindre, à travers la nudité matérielle, l'enrichissement spirituel, le bonheur d'être, le sommet que j'ai décrit au chapitre précédent.

Pour insister sur le caractère actuel de l'expérience, je n'évoquerai pas ici des figures trop anciennes, souvent parées des atours de la légende. Arrêtons-nous plutôt sur des personnalités de notre temps.

Mère Teresa de Calcutta était une religieuse en sécurité dans son collège de filles riches à Calcutta.

Elle prend un jour conscience de la misère terrible qui l'environne sans qu'elle la connaisse. Elle entend l'appel d'un misérable : « J'ai soif. » C'est alors qu'elle décide de s'enfoncer, seule, dans la cité misérable. Quelle folie ! Pour sauver l'homme frère, quelle sagesse ! Elle entre dans une lutte inlassable, acharnée. À travers le monde, son projet est comblé d'une extraordinaire fécondité. Elle devient un aimant qui attire des collaborateurs innombrables, elle multiplie des foyers d'amour, de douceur et de paix. Prix Nobel de la paix, elle reçoit des funérailles nationales, elle, la pauvre religieuse au sari bleu, et laisse une œuvre qui continue de produire du fruit.

Le père Joseph Wresinski fut en France l'apôtre du « quart monde », cette part de la population qui, bien que vivant dans un pays développé, s'apparente au tiers monde. En souvenir de sa mère pauvre et de son enfance difficile, il a voulu lui aussi se consacrer aux plus démunis. Comme saint Vincent de Paul ne cessait de le répéter aux premières Filles de la Charité, les pauvres sont « nos maîtres ». Ils appellent à entrer avec eux dans un autre type de pauvreté, à vivre un dépouillement permanent pour s'enrichir d'une autre manière, une manière d'être ensemble. Il s'agit donc de s'enfouir certes dans la misère, « la boue », mais aussi dans la communion avec les familles. Car la famille est la seule et dernière richesse à laquelle on peut s'accrocher. L'important est de lui rendre sa valeur, lui faire assumer son rôle, lui rendre ses droits. Il ose écrire que le quart monde est pour nous une occasion permanente d'« enrichissement intellectuel et spirituel ».

Jean-Loup, dont j'ai déjà parlé, menait avec sa femme Nelly une vie aisée, dans un bel environnement. Un cheminement spirituel leur ouvre les yeux et ils se sentent alors appelés à un changement de style de vie. Ils quittent les meilleurs quartiers de Londres pour s'établir à Clichy, dans la simplicité. Ils y sont restés dix ans. Je suis allée leur rendre visite. Ils exultaient. Ils m'ont parlé de leur vie libérée du non-être, valorisée par le don d'eux-mêmes. Jean-Loup s'est alors consacré à la promotion de Fidesco, cet organisme œuvrant pour le développement du tiers monde en envoyant au cœur des pays pauvres des volontaires qualifiés qui s'engagent pour deux ans.

Contrairement à ce que les médias laissent entendre en se focalisant sur quelques « héros » de l'humanitaire, une multitude d'inconnus font le choix de perdre quelque chose pour gagner en vie relationnelle. Il m'a été donné d'en rencontrer plusieurs. Depuis 1969, 10 000 jeunes ont vécu l'expérience « goum », une semaine dans le désert sans un sou, sans téléphone portable en poche ! Pour toute nourriture : du riz, matin et soir. Même si le partage de la pauvreté est bref, il constitue toujours un bouleversement. Une jeune femme, Geneviève, résume ainsi l'expérience générale : « On réalise vite que cette pauvreté est nécessaire, elle permet d'être beaucoup plus à l'écoute des autres, de soi-même, et de Dieu. Au début, je croyais que ce dépouillement serait austère. Je me suis rendu compte qu'il nous conduisait à nous accueillir, à donner le meilleur de nous-mêmes, à revenir à l'essentiel. »

Marc-Antoine vivait, jeune homme, à Paris. Il avait une belle situation : « Je courais à l'argent, au succès, au plaisir. Mais un jour, j'ai fait une pause. Je me suis dit : à quoi ça sert, où ça mène ? J'ai décidé de me libérer de cette pression de l'argent. J'ai choisi un emploi moins rémunérateur mais avec plus de temps pour vivre mes relations et mon couple. Je goûte maintenant la joie de vivre, je suis plus épanoui. Gabriella, ma fiancée, a le même idéal que moi. Nous voulons servir, et non pas amasser. La vie est trop courte pour la dépenser en ne cherchant que la fortune ! »

J'ai fait aussi la connaissance d'un couple, à Los Angeles. Isabelle et Harry m'ont paru camper au sommet de l'échelle du bonheur. Ils m'ont accueillie dans leur appartement, situé dans un pauvre quartier, une pauvre rue, en haut de l'escalier d'un pauvre immeuble. Quelques meubles constituaient leur seule richesse. Le repas fut des plus sobres. Mais quel engouement, quelle ambiance de fête, à croire que j'étais chez les chiffonniers ! Ils étaient tous deux amants de la musique et finissaient leurs études au Conservatoire. Après le repas, Isabelle se mit au piano, le visage inondé de lumière. Harry, assis par terre, l'accompagnait au violon. Il était, lui aussi, comme irradié. Ils se levèrent ensuite et esquissèrent de joyeux pas de danse sur le plancher usé. D'où sortaient-ils, ces deux-là ? Elle s'était échappée de sa riche famille parisienne et du beau parti qui demandait sa main. Lui, après avoir abondamment goûté aux plaisirs de la vie américaine, avait soudain viré. Émerveillé par un concert de violon, il avait décidé de se consacrer corps et âme à la musique. Ils partageaient un même projet : parcourir un jour la planète pour séduire les hommes grâce à la beauté, les inciter à la paix en ouvrant leurs oreilles à l'harmonie ! Ils en vivaient déjà, eux, de cette beauté de l'harmonie. Ils étaient rutilants de bonheur.

Libération !

Une des raisons pour lesquelles j'insiste autant sur le choix décisif de la pauvreté, c'est que l'expérience que j'en ai faite reste une des dates importantes de ma vie : le 5 mai 1929, je me suis dépouillée des beaux atours d'une fille coquette pour revêtir la pauvre robe noire d'une petite novice. Ce geste représentait la libération des futilités qui m'asservissaient. Soudain, j'étais devenue légère. J'entrais dans une vie qui deviendrait de plus en plus passionnante. Je renonçais à une humanité égocentrique pour entrer dans une humanité fraternelle. Soixante-douze ans ont passé, j'en goûte encore la richesse.

Lorsque je fais le point sur mon propre itinéraire et que j'analyse les traits communs de ceux dont l'aventure a été esquissée, un mot clef saute à l'esprit : libération ! Chacun de nous a eu le sentiment d'avoir rompu un genre d'esclavage qui empêchait ce qu'il y avait de meilleur en lui de se manifester. Il n'est plus immergé dans une collectivité qui lui impose, sans qu'il s'en doute, sa manière d'être, de parler et de penser. Il n'est plus tributaire du modèle social dominant qui lui dicte comment s'habiller, se comporter, s'amuser au modèle des seuls individus riches, beaux, célèbres. Chacun a le sentiment de développer son originalité propre dans le jaillissement personnel de son intelligence, de sa volonté, de son cœur. Dans le dépassement du souci individuel pour le choix du bien commun, chacun expérimente un « plus » vital.

Le *taedium vitae,* le dégoût de vivre, que traduit fort bien l'expression ordinaire « J'en ai marre », se transforme en *gaudium vitae,* en joie de vivre. L'homme nu, débarrassé de tout un fatras qui l'étouffe, respire enfin, reprend souffle et retrouve sa nature originelle. Comme le disait Pascal, l'homme cherche l'homme. Il n'est heureux, en effet, que dans une relation simple, harmonieuse, chaleureuse, avec ses semblables. Rien de plus allègre, alors, que les occasions de rencontre dans les menus incidents de la vie quotidienne. Elles ont la fraîcheur de l'eau qui cascade de la montagne. Elles n'excitent pas comme les boissons frelatées, mais elles apaisent dans un sentiment de plénitude. Les occasions de rencontre de l'autre deviennent occasion de libérer, ô homme, ce pour quoi tu existes : communiquer, communier avec celui ou celle qui est pétri de la même chair, doué du même esprit, animé du même cœur que toi !

Au plus secret, chacun reste assoiffé. Il y a dans l'être comme une béance. Chercher à la masquer serait une tentative vaine. La ligne de partage se situe entre ceux qui tentent de la combler en accaparant pour soi et ceux qui font de cette béance l'occasion d'un mouvement hors de soi. Or la première démarche est une impasse, elle ne mène jamais à la paix. La seconde voie, au contraire, est la seule qui permette à chacun de dévoiler, de réaliser et d'épanouir son identité. Qu'est-ce donc que l'homme, pour que la cime nue et dépouillée du don de soi, surgissant en éclair du brouillard, éveille en lui un tel frémissement de joie ?

Nous atteignons ici le point culminant de la pyramide humaine, le sommet de l'échelle. Nous sommes dans le troisième ordre de Pascal. Le premier est celui de la matière, le deuxième celui de l'esprit, le troisième celui du cœur, de la charité. Arrivé à cette cime, l'homme retrouve le sens de son être. C'est pour lui un éblouissement.

Souvent, je suis appelée à prendre la parole dans un monde englué dans les deux premiers ordres. Je mets alors simplement sous les yeux la vie d'êtres donnés que j'ai rencontrés ici ou là : des gens simples et sans éclat mais qui, au milieu de la guerre, de la maladie, de la famine, sont des instruments de résurrection avec et pour leurs frères souffrants. Chaque fois, l'impact est extraordinaire. Le dynamisme qui jaillit de l'action même de ces êtres donnés fait retentir l'écho d'une richesse nouvelle. Soudain, dans un saisissant contraste, une existence vouée à la seule richesse matérielle apparaît fallacieuse. Du plus intime de la personne, sourd la nostalgie de sa valeur originelle. C'est une émotion, une vibration, une tension qui s'échappe du cœur profond : se libérer, enfin, et libérer en soi l'être de relation.

Il faut faire ici deux remarques d'importance.

Premièrement, la pauvreté choisie n'a rien à voir avec la pauvreté subie. Même s'il s'agit d'égaliser le terrain de la rencontre, on ne devient jamais pauvre comme le sont les pauvres. Eux vivent leur situation comme une contrainte, ils n'ont pas de position de repli si l'expérience tourne mal ! Même si la route est parsemée d'obstacles, elle est exaltante pour celui qui a librement décidé de la prendre. La lutte choisie passionne l'homme, mais celui que les événements forcent à la subir en souffre.

Deuxièmement, quelle que soit la conjoncture, n'oublions jamais une chose : chaque individu a son appel singulier, sa voie personnelle. Son bonheur dépend de la manière dont il arrive à y répondre. Soyons concrets : personne n'est appelé à imiter qui que ce soit, et surtout pas un François d'Assise ou une Mère Teresa ! Chacun doit réaliser son affranchissement personnel selon sa vocation propre. C'est en découvrant *en lui*, en faisant jaillir *de lui*, ses qualités *à lui* qu'il atteint sa stature d'homme.

Le problème initial est, je crois, d'être lucide avec soi. Ce à quoi je suis le plus attaché me laisse-t-il finalement un sentiment de vide, de manque, d'éphémère ? M'en éloigner serait-il un affaiblissement ou une libération ? Voilà le vif du sujet. Dois-je me dépouiller de certains plaisirs, de certaines relations qui ne sont finalement qu'un champagne qui m'émoustille ? Dois-je choisir la joie plus austère d'amitiés profondes où la recherche du bonheur des autres comblera mon cœur ? Dois-je continuer ma course à l'argent et aux plaisirs, ou bien dois-je refuser une euphorie fugitive pour reposer mon âme dans ce qui la pacifie ? De la réponse à ces questions dépendent la valeur et le sens de ma vie. C'est à moi et à moi seul, en tout cas, de prendre ma vie en main.

J'ai employé, à plusieurs reprises, le verbe « exalter ». Il vient du latin *ex,* hors de, et de *altus,* haut. J'en donne la signification de « s'échapper vers les hauteurs ». Tous ceux qui sont arrivés à orienter leur vie vers un grand amour, celui de leurs frères ou celui de Dieu, seront d'accord avec moi : « l'exaltation » d'un objectif pour lequel on *choisit* de se dépouiller engendre aussi une grande « exultation », un bondissement de joie !

Pauvreté, chasteté, obéissance

Chacun, disais-je, a sa voie particulière. Parmi tous les appels possibles, j'ai choisi, quant à moi, en 1929 et pour toujours, la vocation religieuse. Et je ne suis pas un animal en voie de disparition ! Fait étrange en effet, un million d'hommes et de femmes ont abandonné familles, situations, possessions pour faire le vœu de pauvreté en entrant dans la vie religieuse. Quelles sont donc les causes de cette folie subite ? Elles sont diverses : l'attrait du Christ pauvre, la révolte contre une société de consommation effrénée, le dégoût du vide d'une vie centrée sur soi et déréglée, ou encore l'appel à servir les malades, les pauvres, les abandonnés.

Dès les premiers siècles du christianisme, le vœu de pauvreté a été considéré comme primordial. Mais, finalement, l'objectif des trois vœux religieux de pauvreté, de chasteté et d'obéissance est unique : permettre à l'homme peu à peu dénudé d'atteindre le sommet où il est recréé à l'image du Dieu amour, car « Dieu fit l'homme à son image » (Genèse **1**). En effet, chacun de ces trois vœux représente une forme de libération.

Le vœu de pauvreté

Faire vœu de pauvreté, c'est vouloir se libérer de l'esprit de propriété. Le détachement des soucis matériels libère aussi la capacité de se consacrer aux autres. Son but va beaucoup plus loin que le renoncement aux biens terrestres. Il veut créer un cœur de pauvre prêt à la compassion, ouvert à ceux qui souffrent de la pauvreté forcée.

Tant que l'on est soi-même dans la jouissance de tous les biens, comment sentir la cruauté de leur absence ? La disparité entre richesse et pauvreté ne risque-t-elle pas d'éveiller des sentiments d'envie, de jalousie, voire de haine ? La charité véritable, la lutte avec et pour les pauvres exige donc au départ d'égaliser le terrain de rencontre avec ceux que l'on veut aider. Cela n'a pas toujours été compris par certains missionnaires : leur mode de vie, même simple à leurs yeux d'Européens, était encore trop privilégié pour les autochtones. C'est peut-être là une des causes de leur rejet.

Le vœu de chasteté

La chasteté, c'est la libération des convoitises charnelles, versatiles et turbulentes. Plaire, attirer, conquérir, jouir ne sont plus des exploits à entreprendre sans cesse. Le corps et l'âme allégés peuvent entrer dans un don de soi plus complet, plus universel. L'amitié qui s'offre est plus gratuite, elle dépasse le charnel avec ses troubles et ses ruptures, elle est un havre de paix.

Que de fois l'ai-je constaté ! L'homme aussi bien que la femme éprouvent la nostalgie, voire l'exigence, de ce genre de relation d'un ordre tout autre. L'enrichissement est ici mutuel, pour le corps comme pour l'âme. La force physique et morale se développe, l'intelligence épanouit son champ de vision, le cœur souvent trop étroit s'élargit. Quand elle est bien vécue — et ce n'est pas toujours facile, car notre nature humaine est fragile —, la chasteté est la condition d'un précieux cadeau, offert et reçu tour à tour : la *complémentarité*. L'humanité a été créée homme et femme, dans la complémentarité. Si celle-ci était vécue dans les différents domaines, quelle fécondité mutuelle connaîtrions-nous ! Sans l'autre, il nous est impossible de saisir la complexité des choses les plus simples. Tous, sans exception, nous sommes en effet terriblement limités par nature : corps, intelligence, culture, espace, temps. Paradoxe que celui du vœu de chasteté : il paraît restreindre nos rapports, mais les ouvre pourtant à l'infini. Lorsque la relation n'est plus possessive, exclusive, l'oblation peut se déployer ! Je n'ai qu'à me sonder : le meilleur de moi, je l'ai puisé dans les relations ouvertes et détendues, libérées dans ce vœu. Chacune des rencontres m'a apporté une pierre supplémentaire pour agrandir la demeure de mon âme et y recevoir plus d'amis.

Le vœu d'obéissance

Faire vœu d'obéissance, c'est être déterminé à la libération de sa volonté propre. Celle-ci cherche à se réaliser elle-même, sans se soucier des autres. L'obéissance permet une plus grande efficacité dans une activité désormais commune, et non plus individuelle. Le dialogue approfondit les aspects complexes d'une œuvre à accomplir. L'obéissance permet donc l'élargissement du champ de l'action.

Une forme de complémentarité est, là aussi, vécue. L'obéissance signifie l'appartenance à un corps, une famille, établis non pas sur les hasards de la génétique ou du lieu de naissance, mais sur le choix d'objectifs communs. Ce que je ne fais pas, ce que je ne sais pas faire, ce que je ne peux pas faire, un autre ou une autre le réalise. Ce qui compte, ce n'est pas la somme de mes propres vouloirs, de mes propres projets, de mes propres réalisations, mais celles et ceux de la communauté. De plus, ce n'est pas moi qui garantis la franche et bonne collaboration des religieuses ou des religieux, mais le ou la supérieur(e). Parce qu'il est désigné par tous les membres de la communauté, le supérieur reçoit l'autorité comme un service à accomplir pour le bien de tous. Celui qui la détient reste à l'écoute de tous, de leurs réussites et de leurs échecs. L'obéissance, elle aussi, est porteuse d'harmonie.

La vie religieuse serait-elle donc le paradis sur terre ? À ceux qui seraient tentés de l'imaginer après ces quelques lignes, il est bon de rappeler que toute entreprise humaine a ses limites et ses dangers.

Le *vœu de pauvreté* peut amener la tentation d'une petite vie tranquille, en sécurité, loin des soucis matériels. Oubliée, la réalité dans laquelle se débattent les gens ! Le cœur se replie sur soi et s'attache à des vétilles : *mon* bréviaire, *mon* stylo, etc. C'est que nous, mortels, nous savons le temps compté. Les jours passent, et nous avec ! Instinctivement, nous nous accrochons à ce qui nous environne, comme pour nous solidifier, nous rendre plus stables, nous enraciner. De plus, lorsqu'un religieux demeure dans le même lieu, dans la même fonction, il est porté à s'y habituer. Il en arrive à se croire propriétaire, légalement installé sous le regard de Dieu !

Chaque année, la retraite en silence nous remet fort heureusement en question, nous invite au grand nettoyage et renouvelle notre vigilance.

J'ai encore vu ceci avec étonnement : tel religieux connu pour son grand dépouillement devient un jour responsable des intérêts du couvent. Il les défend alors avec une telle âpreté qu'il en devient injuste pour les laïcs employés. Curieux phénomène : il transpose sur la communauté son instinct personnel de possession. La sainte pauvreté devient la sainte avarice. Moi-même qui parle si volontiers, suis-je bien sûre d'échapper à tous ces travers ? Ma machine à couper le papier, certes je ne la refuse pas. Bonne fille, je la prête... mais non sans déclarer : « Rendez-la-moi vite, car elle est à MOI. » Oh ! oh ! ne devrais-je pas retourner faire un stage au bidonville, à l'école de la pauvreté, où le don gratuit m'a pourtant été enseigné ?

Pour le *vœu de chasteté,* idem. Lorsque les pulsions sont vécues dans la culpabilité, lorsqu'on y succombe en cachette et que l'on vit dans l'hypocrisie, l'oblation peut faire place au durcissement. Le refoulement peut créer une attitude intérieure qui est à l'opposé de l'épanouissement nécessaire à un apostolat fructueux.

Je sais de quoi je parle. Jeune religieuse, je suis passée par des moments difficiles. N'osant en parler à personne, je me suis tendue, je prenais la discipline (c'est une espèce de fouet pas bien dangereux, celui qu'on utilisait pour les enfants). Je me restreignais sur la nourriture, je me morfondais en de longues prières, j'étais prête à me jeter dans un buisson d'épines, comme tel saint au Moyen Âge, dans le but de s'apaiser ! Résultat : je devenais de plus en plus nerveuse, mal dans ma peau. Jusqu'au jour où j'ai trouvé un confesseur intelligent qui a dédramatisé l'affaire et libéré ma conscience. Il m'a fait comprendre que les pulsions que je ressentais étaient dans l'ordre de la nature humaine. Il conseillait un régime équilibré, du sport, des relations plus étendues et une prière confiante, sans tension. J'ai profité des vacances pour prendre des bains de mer, j'ai bien mangé au réfectoire, j'ai lu des bouquins intéressants. Ma prière est redevenue celle d'un enfant parlant à son Père miséricordieux. Je me suis davantage préoccupée des autres que de moi-même et, doucement, lentement, tout est redevenu normal. Avis aux amateurs !

Le *vœu d'obéissance* peut, quant à lui, stériliser l'activité, soit par l'inhibition de ceux qui ont à la vivre, soit par l'autoritarisme de ceux qui ont à l'exercer. Il peut arriver qu'un supérieur craigne tout projet quelque peu audacieux, ou bien jalouse une influence qui lui porte ombrage. N'en est-il pas ainsi pour nombre d'employés qui se heurtent à l'autorité d'un patron difficile ? Sans parler de ces mêmes problèmes au sein des familles. Que de confidences je reçois à ce sujet !

Dans la règle conventuelle, en revanche, il y a toujours un recours : on a le droit d'en appeler à un supérieur majeur pour régler un conflit. Ayant vécu personnellement plus de soixante-dix ans dans la vie religieuse, j'en retire le sentiment que l'obéissance a permis ma libération, même si elle m'a empêchée durant quarante ans de réaliser pleinement mon désir de pauvreté partagée avec les plus démunis. Je pense en effet que cette longue attente a été l'occasion de mûrir dans la vie commune avec mes sœurs, d'augmenter ma force spirituelle et mes compétences à leur contact. Ces quarante années m'ont finalement préparée efficacement à une vie solitaire et particulièrement difficile. Elles ont été la piste d'envol de mon épanouissement.

Tout au long de ce chapitre, j'ai essayé d'illustrer les manières diverses dont chacun peut choisir sa route vers l'humanisation, sa voie vers le sommet du bonheur. Entrer délibérément dans le chemin du dépouillement peut paraître sévère au départ. Mais si j'y trouvais ma libération ? Pourrait-elle être définitive ? Ce n'est jamais si simple ! Trois pas en avant, deux pas en arrière... Ne l'oublions pas : étant donné la condition humaine et sa fragilité (bien fous ceux qui veulent y échapper !), la pauvreté ne peut pas être vécue comme un absolu définitivement conquis. Prétendre le contraire serait vouloir faire l'ange et, comme on le sait bien, « Qui veut faire l'ange fait la bête », selon l'adage de Pascal. Non ! il s'agit plutôt d'une marche dont l'horizon recule toujours. Aucun humain, ici-bas, ne sera jamais totalement désapproprié de soi, de la tête aux pieds. Toujours il se raccroche en quelque manière à des parcelles de propriété. Toujours il est tenté de se centrer narcissiquement sur son moi pour se détester, pour se culpabiliser, pour s'admirer. Tout ce fatras nombriliste encombre sa chair, son esprit et son cœur. Le souci de l'autre, le décentrement sont à regagner sans cesse sur nos pentes naturelles. Un jour, nous entreprenons l'ascension, nous nous hissons sur ce pic pour de courts instants d'éternité. Pauvres Sisyphe, nous redégringolons ! Ce n'est que par éclairs que nous nous tenons au sommet.

Qu'importe, nous nous remettons en route ! Un jour viendra où l'homme quittera sa dépouille mortelle, et ses attaches se dissoudront. Dans la pauvreté originelle retrouvée, il pourra enfin demeurer dans l'*agapê*. L'amour à tout jamais purifié sera désormais non plus conquis, mais donné et reçu. Et ce sera la merveilleuse rencontre de tous ceux qui auront, de quelque manière que ce soit, accepté d'avoir moins pour que d'autres aient plus. Enfin, l'éblouissement : la cime la plus élevée du massif apparaîtra, Dieu. Dieu est amour et, pour nous manifester son amour, il a envoyé son fils. Le Christ, en effet, a voulu se faire pauvre pour nous enrichir de sa pauvreté. En Lui se fonde le lien indissociable entre les chemins des hommes et les chemins de Dieu. Là-dessus, il me faut à présent m'expliquer.

Chapitre V

Rencontre avec le Christ pauvre

Entre le Christ et l'humanité pauvre l'histoire est identique : dépouillement et exaltation.

Il est des heures qui vous marquent pour l'éternité. J'en ai déjà parlé, mais il n'est pas mauvais d'insister. Si le premier choc de ma vie fut, en septembre 1914, la disparition de mon père s'enfonçant pour toujours dans l'écume, le second fut, en décembre de la même année, la vue d'un bébé sur la paille. Il venait partager la pauvreté des hommes pour leur faire partager la richesse du ciel. Ces deux événements m'interpellèrent au plus intime et s'ancrèrent en moi comme une racine cachée. Un demi-siècle plus tard, l'emprise d'un troisième choc développa d'une manière étonnante ce qu'avait pressenti mon âme d'enfant. Ce fut en 1971, au bidonville du Caire, que la rencontre avec le Christ pauvre produisit un troisième saisissement qui fit éclater la couche bien-pensante de mon christianisme encore étroit. J'allais recevoir la révélation du lieu de la rencontre entre l'homme et Dieu. J'allais apprendre qu'il n'y a sur terre qu'une seule manière de trouver Dieu, qu'on soit croyant ou non.

Voici l'homme !

Cette initiation, je l'ai reçue dans les bas-fonds du bidonville. La nuit, j'aimais égrener mon chapelet dans la cour des cochons. Le seul bruit qui troublait le silence était un grognement lorsque je marchais sur la patte de l'un d'entre eux.

Dans cette paix, le contraste était saisissant. Au-dessus de ma tête, le bleu sombre du ciel constellé. À mes pieds, la boue noirâtre. Le rayon de lune irradiait les ordures, comme un symbole du Christ illuminant nos ténèbres. Le Credo de la messe me revenait en mémoire : « Je crois en Jésus-Christ, lumière née de la lumière. Pour nous les hommes, et pour notre salut, il descendit du ciel. »

C'est étonnant comme certains spectacles parlent à l'intelligence. L'Alliance de Dieu avec l'homme me paraissait visible. J'allais chercher ma petite Bible de Jérusalem. Je m'asseyais sur un seau renversé. À l'aide de ma lampe de poche, je retrouvais la source des paroles de ma mère devant la crèche : « De riche qu'il était, il s'est fait pauvre pour vous, afin de vous enrichir par sa pauvreté » (II Corinthiens **8** 9). Je voyais Jésus, grandissant dans le village dédaigné de Nazareth. « Que peut-il y avoir de bon à Nazareth ? » disait-on. Je l'ai souvent entendue, moi aussi, cette phrase méprisante : « Que peut-il y avoir de bon chez les chiffonniers ? »

En tournant les pages, je tombais sur ces lignes de l'épître aux Philippiens (**2** 5) : « Lui, de condition divine, ne retint pas jalousement le rang qui l'égalait à Dieu, mais il s'anéantit lui-même, prenant condition d'esclave. » Je me souvenais de M. Quodbach, mon professeur d'histoire, nous décrivant de sa voix gutturale l'esclave du Iᵉʳ siècle privé de toute personnalité humaine, « animal à deux pattes ». Comme Jésus dépourvu de tout droit, il pouvait être arbitrairement jeté en prison, battu, moqué et finalement cloué sur une croix, le supplice alors traditionnel.

Je ne sais pas pourquoi, là où j'étais particulièrement engluée dans l'ordure, la face souillée du Christ prenait à mes yeux un singulier relief. Je relisais le passage d'Isaïe où le prophète voit se profiler un mystérieux serviteur, « objet de mépris, homme de douleur, agneau qui se laisse conduire à l'abattoir » (Isaïe **53** 3-7). Les bêtes conduites à l'abattoir, c'était pour moi un spectacle ordinaire. Le bidonville honni était bien le lieu où le Christ se serait avancé portant sa croix, au milieu des ruelles. Il aurait été à la tête de mes frères chiffonniers, des hommes sans défense comme lui. Il me semblait alors entendre dans la nuit la plainte s'élevant des lèvres du Christ et d'une multitude d'êtres humains : « *Eli, Eli,* mon Dieu, mon Dieu, pourquoi m'as-tu abandonné ? » (Matthieu **27** 45.) Ce cri m'oppressait, mystère insondable de l'absence de Dieu là où l'homme agonise, que ce soit au Calvaire ou en tout autre lieu de la terre. Pourquoi ? Pourquoi ? Pas de réponse, le silence du bidonville m'angoissait.

J'éclairais de ma petite lampe le chapitre suivant : « Par ses souffrances, mon Serviteur justifiera des multitudes en s'accablant lui-même de leurs fautes » (Isaïe **53** 11). Ces paroles étaient comme un petit rayon de lumière dans le noir de la nuit. Le Christ pauvre, souffrant, mourant, seul et abandonné, devient-il le salut de l'humanité pauvre, souffrante, mourante, seule et abandonnée ? Son cadavre va-t-il surgir de la tombe, prémices de notre résurrection ? Ma lampe commençait à s'éteindre. L'odeur âcre des immondices en décomposition me donnait la nausée. Je me sentais plutôt enfermée dans une tombe que prête à en sortir ! Où voit-on la vie jaillir de la mort ?

Et pourtant, j'avais à mes pieds une singulière parabole. Cette ordure gluante, fourmillant de microbes semeurs de mort, était depuis peu transportée à l'usine de compost que nous venions de construire à cinq cents mètres de là. Elle était engloutie dans une machine et transformée en engrais. Épandu, il faisait surgir la vie dans les sables morts du désert. Aussi primitif soit-il, quel autre symbole attendais-je ? Le Seigneur tout-puissant ne pouvait-il faire du Christ enfoui dans la mort un détonateur de vie ? « Réveille ta foi, Emmanuelle. Sors ton cœur de la nuit, tu n'as pas besoin de ta lampe pour comprendre. Le Christ est vivant et continue à s'incarner dans tout ce qui est humain. Tu le vis chaque jour dans le bidonville. À travers les mille petits actes d'entraide mutuelle, tu respires Dieu. »

Car Jésus-Christ est la révélation de l'homme. Dans la totale nudité de l'être, uniquement tourné vers Dieu et vers les hommes, il a retrouvé le jaillissement originel de l'humanité. Chaque fois donc qu'un homme entre dans la nudité, sort du vide de l'ego pour aller vers l'autre, il entre à la suite du Christ dans la ressemblance avec Dieu. Sans s'en douter, il vit dans le même acte l'humanisation et la divinisation. De plus, et c'est capital, c'est la seule manière de le rencontrer Lui, le Christ, qu'on soit croyant ou non.

Elle fut précieuse, la leçon reçue en cette nuit où je méditais dans le néant de toute richesse humaine. La religion — c'est-à-dire la relation de l'homme à Dieu — se vit en pleine humanité, au plus près du quotidien, dans une solidarité concrète. Sinon, elle n'est que fantasme ! En effet, c'est par un homme, Jésus de Nazareth, que Dieu vint à l'homme. L'homme est le lieu de la rencontre de Dieu.

Ah oui, je jouissais avec mes frères chiffonniers de ces relations vitales qui, malgré leurs fragilités et leurs limites, tissaient des liens aussi bien avec la terre qu'avec le ciel. En faisant mémoire de l'atmosphère chaleureuse qui régnait de cabane en cabane, je reprenais cœur. « Courage, Emmanuelle, n'aie pas peur, laisse le Christ réaliser en toi ses deux dynamiques d'anéantissement et de libération. Avec tes frères chiffonniers, lutte ici même pour transformer ce bidonville, premier germe de la résurrection qui nous attend dans l'autre monde. »

Oui, mais ce n'est pas si simple ! Assise sur mon

seau, au milieu des ténèbres, ma tête dure ratiocinait. Le doute me reprenait. Comment croire facilement à un monde de lumière, à un royaume de justice éternelle ? J'essayais d'échapper à mon angoisse en levant les yeux vers la paix du ciel, ce ciel où les Apôtres avaient vu Jésus s'élever (Marc **16** 19), préfiguration de ce Ciel où le Christ nous a préparé une place (Jean **14** 23). Et les Écritures me revenaient en mémoire : « Au Ciel, l'Emmanuel, Dieu-avec-nous, essuiera toute larme de nos yeux » (Apocalypse **21** 4). Oui, elles seraient essuyées, les larmes des petits et des souffrants, ces fils de Dieu, ces frères du Christ et qui pourtant ne le connaissaient pas !

Une sorte de fièvre me saisissait. Je n'y voyais plus grand-chose. La boue noire, les cochons noirs s'estompaient. À la lueur de la bougie, je cherchais le chapitre 25 de saint Matthieu. Ces versets me replongeaient dans les actions courantes du bidonville : « J'avais faim et vous m'avez donné à manger, j'avais soif et vous m'avez donné à boire, j'étais malade et vous m'avez visité. Quand vous l'avez fait à l'un de ces petits, c'est à moi que vous l'avez fait. » Dans la solidarité des pauvres où j'étais immergée, au-delà des bêtes et des ordures, je vivais bien la rencontre avec le Christ pauvre, côte à côte avec Lui, dans l'intimité.

Je fermais doucement ma Bible et, au cœur du silence pacifié des animaux et des hommes, j'allais m'étendre dans ma cabane en murmurant les paroles de Jésus : « Venez, les bénis de mon Père. Recevez en héritage le Royaume qui vous a été préparé depuis la fondation du monde » (Matthieu **25** 34). Puis, avec un sourire, je m'endormais en pensant au Christ sauveur, qui inaugure déjà sur terre la divinisation de ceux qui combattent pour la justice. Est-ce une de ces nuits que j'ai rêvé qu'il nous attendait debout, au sommet d'une échelle ? Les premiers échelons étaient plantés en plein bidonville.

Le lendemain matin, à cinq heures, ma pendulette me tirait du lit avec un bruit de tonnerre. Je vérifiais vite que les rats n'avaient pas renversé l'eau de la cruche ! Après une toilette hâtive, je courais vers le petit train, en marche vers l'eucharistie. Dans le silence de la chapelle, en union avec le recueillement des carmélites, que je rejoignais chaque matin, c'était bon de prier :

« Merci, Seigneur, d'être venu nous sauver en assumant jusqu'à la mort notre condition humaine.

« Merci d'avoir préparé une place dans ton Royaume pour tous les hommes de bonne volonté qui s'entraident sur la terre. »

Je recevais l'hostie de mon Amour, puis j'allais, bondissante et légère, reprendre avec le Christ et mes frères la lutte en cordée de la solidarité.

Je viens de décrire la double et inséparable dynamique du Christ, une descente et une remontée. Pour résumer ma méditation dans la cour des cochons et rappeler mon rêve, je vais présenter maintenant une échelle d'un genre bien particulier : on la descend d'un côté pour la remonter de l'autre ! Le Christ est lui-même l'échelle qui relie l'humanité à son Père céleste (Jean **1** 51) : c'est sa tombée, sa chute dans la pauvreté, qui permet l'ascension de l'humanité.

Chute du Christ dans la pauvreté	*Remontée dans la richesse de la gloire*
1. **Incarnation** dans la pauvreté humaine. Naissance sur la paille.	6. **Participation** de l'humanité à l'entrée dans la gloire.
2. Reconnu **comme un homme,** menuisier dans un pauvre village jusqu'à trente ans.	5. **Ascension** dans la gloire du Père.
3. **Dépouillement radical.** Mort, nu, sur la Croix.	4. **Résurrection** d'entre les morts.

Le premier mouvement descendant est celui du mystère de l'Incarnation, abîme d'anéantissement, germe de gloire future, germe de salut pour l'humanité. Dieu n'a pas craint de prendre chair d'homme. Cette Incarnation n'avait pas à se réaliser au début de la création. La chair de l'homme comme le sol de la terre étaient encore vierges, non encore souillés de sang. « À la brise du jour », Dieu venait converser avec l'homme (Genèse **3** 8). Mais un appel lancinant devait bientôt retentir et se répercuter de siècle en siècle : « Caïn, qu'as-tu fait de ton frère ? Écoute le sang de ton frère crier vers moi du sol » (Genèse **4** 10-11). Quel homme pourrait purifier la terre abreuvée de sang, et sauver « l'humanité qui roulait comme une masse de mal en mal » (saint Augustin) ?

Mystère de Dieu qui décide, un jour du temps, de tomber dans cette chair d'homme, de s'inoculer sa malédiction et sa mort pour lui procurer la guérison. La chute dans la pauvreté est radicale : sur la paille, le nouveau-né ! Menuisier dans le village méprisé de Nazareth, il part à trente ans sans rien emporter. Le

Fils de l'homme n'a pas une pierre où reposer la tête. Il prêche l'Évangile, bonne nouvelle du royaume de l'Amour. Dans le même temps, il suscite critiques et oppositions qui le mèneront au procès, à la condamnation, à l'exécution. Cloué sur une croix, on lui enlève même ses vêtements pour les partager entre soldats. « Voici l'homme » (Jean **19** 5), dit Pilate. Pour moi, Jésus est, en effet, l'Homme : l'homme nu, l'homme originel, image de Dieu. Il est l'Homme non pas d'abord à cause de l'humiliation qu'il subit, mais en raison du dépouillement qu'il choisit, celui de l'Incarnation. Qui perd gagne : il quitte la condition divine pour épouser la pauvreté humaine ; il est exalté dans la gloire parce qu'il a aimé jusqu'au bout.

« Il n'y a pas de plus grand amour que de donner sa vie pour ses amis » (Jean **15** 13). La mort de Jésus fut une conséquence de sa « Passion ». Sa Passion, ce qui le dévorait, c'était sa mission : faire sortir l'homme de la mort. S'il entre dans la mort, dans notre mort, c'est pour nous en arracher. La mort, notre mort, ce n'est pas uniquement le terme de l'existence. Notre mort, c'est aussi tout ce qui nous empêche d'être et qui étouffe la vie.

Le deuxième mouvement ascendant est celui du mystère de la résurrection. Le dernier livre de la Bible, l'Apocalypse, narre en traits de feu le gigantesque combat contre la « Bête », le mal, la mort, dont le triomphe n'est que passager car la Bête finit vaincue : « De mort, il n'y en aura plus ; de pleur, de cri et de peine, il n'y en aura plus car l'ancien monde s'en est allé » (Apocalypse **21** 4).

L'ascension du Christ précède celle de l'humanité.

Ils montent, tous les petits et les pauvres de cœur, tous ceux qui ont suivi, parfois sans le connaître, le seul commandement de Jésus : « Aimez-vous les uns les autres comme je vous ai aimés » (Jean **13** 34).

Je le crois donc : Jésus est pleinement homme et pleinement Dieu. Chaque fois qu'un être humain sort du fatras nombriliste qui l'enferme pour choisir la libération dans l'amour, c'est le même souffle que celui du Christ qui l'anime. Il participe à une dynamique pleinement humaine et pleinement divine.

Voici ma foi de chrétienne qui a longuement cherché le sens de la vie, de la souffrance et de la mort. Pour moi, il n'y a qu'une réponse qui puisse satisfaire ma raison comme mon cœur, le cœur pascalien : cette réponse, c'est l'*agapê,* c'est l'amour.

L'amour authentique, sous son aspect authentique, pour Dieu comme pour l'homme, est pauvreté de soi. Il est richesse de partage, de don mutuel. Il est la FORCE la plus formidable, la plus fantastique, la plus efficace du monde. Ni la souffrance ni le mal ne parviennent à l'écraser. L'amour ne meurt pas, il fait de nous des vivants, il est résurrection.

Mystique de l'action

Cette expérience du Christ qui, par sa pauvreté, entraîne l'humanité vers la joie éternelle me paraît susciter un regard mystique sur l'action.

Au bidonville, j'avais parfois l'impression que je le touchais, Lui, le Christ, dans la rencontre des chiffonniers si démunis et si fraternels. C'était comme si j'étais tombée dans un autre univers qui transcendait celui que je connaissais auparavant. Je ne voyais plus l'abîme qui sépare le monde visible et invisible. Si le Verbe de Dieu s'est incarné pour sauver l'humanité, c'est bien pour pénétrer au cœur de l'homme et lui permettre de l'atteindre ici-bas. Lui et nous ne formons qu'un seul corps mystique.

Je peux en témoigner : cette expérience est souvent ressentie par ceux qui se consacrent à leurs frères et leurs sœurs pauvres, à l'instar du père Peyriguière. J'ai lu sa vie il y a plus de trente ans, et je ne l'ai jamais oubliée. En Afrique du Nord, cet homme partagea son temps entre la prière et le service des malades. Pour lui, passer de la contemplation de Dieu à l'action pour l'homme, c'était un même acte d'amour. Expérience unique où l'invisible apparaît à travers le visible, comme en transparence.

Cela étonnera certains : nous ne sommes pas ici dans le domaine habituel des relations humaines, mais dans un phénomène mystérieux de transcendance. Le lieu du cœur à cœur avec le Christ pauvre est scellé comme la pierre du tombeau. Ceux qui, par une grâce singulière, trouvent la pierre roulée, entrent dans le tombeau. Le Christ n'y est plus, mais l'humanité y est gisante. La rencontre avec la chair crucifiée de l'homme est rencontre du Christ. Ceux qui le vivent entrent déjà, fût-ce obscurément, dans le mystère de la résurrection.

Ainsi, c'est *dans l'acte* seulement que s'effectue le

passage de l'humain au divin. Selon moi, en effet, toute oblation de soi dans un acte de fraternité atteint un sommet qui dépasse la simple démarche de solidarité. Se pencher vers le pauvre, c'est le toucher, Lui, le Christ, Homme-Dieu. Ce qui paraît n'ouvrir qu'une dimension humaine contient une dimension divine. C'est, dans ce sens, une « déification ».

Cette métamorphose du regard quant à la valeur de l'action ne se réalise pas au moyen d'une tentative idéologique cloîtrée sur elle-même, mais grâce à une mouvance relationnelle. Tout être, à l'instant du don à un autre être, dans l'acte même du dépouillement de soi au bénéfice de l'autre, s'apparente au Christ qui se désapproprie pour l'humanité. Nous dépassons ici le domaine de l'adhésion à une religion pour nous élever vers le sommet d'une sacralisation. Le Christ prend comme sienne toute action fraternelle et lui confère un caractère sacré qui l'apparente au divin. L'action fraternelle, en dehors de toute croyance, est le seul accès au royaume céleste de son Père.

Cependant, et il ne faut pas l'oublier, il y a dans l'homme deux aspirations contradictoires. La première est celle d'une bonne petite vie terrestre sans histoires. C'est ici-bas que nous voulons notre petit paradis ! Lorsque les jours d'enfer apparaissent, nous nous révoltons. Que fait Dieu ? S'il existe, n'est-il pas là pour nous ôter toute souffrance, n'est-ce pas son rôle de monarque débonnaire ? Justement non, ce n'est pas le projet de Dieu.

La seconde aspiration est celle d'être à chacun son

propre maître. L'homme voudrait être maître de sa vie, de son génie, de la nature. « Vous serez comme des dieux, connaissant le bien et le mal », dit Satan à Ève. « Ni dieu, ni maître ! » L'homme est tenté d'être son seul juge et le juge du bien et du mal. Il veut être son propre dieu. Or cette vision est catastrophique, nous en voyons tous les jours les conséquences : guerres, massacres, oppressions. L'homme devient le jouet de l'homme qui, sans scrupules, se constitue lui-même en Tout-Puissant et en arbitre universel. Nous voici de nouveau dans une impasse.

Il y a pourtant moyen d'en sortir, car le but ultime de l'Incarnation n'est autre que notre divinisation. Oui, nous sommes comme des dieux, mais dans la mesure où, dans notre liberté retrouvée, nous devenons frères, alliés, solidaires. Oui, la vie terrestre, l'humble vie quotidienne, recèle des instants de paradis, mais dans l'exacte mesure de sa dimension d'amour. C'est ici que se joue pour chacun la ressemblance avec le Christ. C'est ici que chacun retrouve l'image et de l'homme, et de Dieu. C'est ici que sont réconciliées l'espérance de l'homme et l'œuvre de Dieu.

Je suis convaincue que ceux qui n'arrivent pas à croire en Dieu mais agissent dans la fraternité, Dieu, Lui, croit en eux.

Sans domicile fixe

J'en arrive maintenant à la dernière étape de ma vie. Quand, en 1993, aquiesçant à la demande de mes supérieures, j'ai quitté le bidonville pour rentrer en France, le problème de la misère était trop ancré en moi pour pouvoir se dissiper. J'avoue cependant que j'étais loin de penser trouver dans mon pays une telle détresse, touchant une telle multitude... Je veux parler des SDF. À nouveau, quel choc terrible dans ma vie !

Pouvais-je rester bien tranquillement dans ma bonne petite maison de retraite ? Mon Association et mon conseiller m'ont orientée vers une recherche active. Quelle pourrait être, dans mon vieil âge, une façon de vivre encore avec et pour les pauvres ? Nous avons pris contact avec une structure associative du Var et je me suis insérée dans une équipe. Celle-ci répond aux besoins des personnes sans domicile fixe : certaines ont perdu leurs papiers ou n'en ont jamais eu ; une cure de désintoxication serait nécessaire à la plupart ; l'effort des accompagnateurs vise la réinsertion de tous.

Mais nous nous heurtons chez beaucoup à une sorte de « non-désir » : ce sont des êtres qui ont perdu toute espérance, ils ne croient plus en rien ni en personne. Leur famille les a rejetés, la société les a méprisés, les formations les ont dupés, aucun travail ne leur a été proposé. Meurtris de toutes parts, ils survivent.

Ce qui est atteint chez eux, c'est l'élan vital. Pourquoi aimons-nous vivre, respirer, marcher ? Pour aller de l'avant vers un lieu familier, un travail intéressant, une personne qui nous attend. Mais eux, vers quoi vont-ils ? Quel logement ? Quel travail ? Quel ami ? Rien. Pas d'autre horizon que la rue, la nuit comme le jour. Ils respirent encore, oui, mais à quoi cela mène-t-il ?

Poussons plus loin l'analyse. Finalement, dans leur non-valeur, leur non-être, à qui ressemblent-ils ? À celui qui fut il y a deux mille ans livré entre les mains de Pilate, un certain Jésus, seul, abandonné, sans valeur non plus. Personne ne voulait de lui, personne ne vint à son secours, c'était l'exclu. *Ecce homo* : voilà l'homme que Pilate présenta à la foule. « Voilà l'homme » : c'est une épave. Ces pauvres types de SDF ne se configurent-ils pas à lui, et lui à eux ?

De bonnes âmes pourraient s'insurger de la comparaison : « Allons donc, ces SDF, ivrognes, violents, voleurs semblables au Christ, victime innocente ! » Pourtant, quelle analogie dans le rejet, l'exclusion, la chute au plus bas de l'échelle sociale. Comme ils en souffrent, les SDF ! Je l'ai déjà affirmé : le mépris qu'on leur porte est leur douleur cachée. Et l'on s'étonne qu'ils deviennent esclaves de l'alcool ou de la drogue ? C'est leur unique consolation sur terre. Leur unique remède : l'anesthésie. Bien sûr, les drogues sont aussi leur esclavage. Et qu'il est difficile d'en sortir ! Nous retombons sur le problème de leur non-désir. La plupart d'entre eux n'ont même plus la force de vouloir. Ils savent bien qu'un jour, comme avant eux leurs copains, ils crèveront sur le pavé, jeunes encore, une nuit d'hiver plus froide que les autres, un soir d'overdose.

Oui, le Christ a pris devant moi un visage de SDF : tombé sous le poids de sa croix, sur le chemin, il n'arrive pas à se relever, jusqu'à ce qu'enfin, cloué, il meure abandonné des hommes.

Alors tout serait fini, pour lui comme pour les SDF ? Non, cent fois non ! Pour moi, comme pour tous les chrétiens, le Christ est vivant. Sa vie passe en moi et me fait vivre. Sa vie passe aussi dans les autres : rien n'est jamais désespéré. Je crois que Jésus-Christ a spécialement préparé une place pour ceux que le monde a rejetés. Il sait ce que c'est, on peut se comprendre !

J'écris ces lignes dans la semaine printanière de Pâques. Sur le figuier du jardin, je vois apparaître les premières feuilles. Sur les rosiers nus éclosent des boutons d'espérance, tout reverdit. Je vois la résurrection de la nature, je crois à la résurrection du Christ, à la résurrection de l'humanité, à la montée vers un autre monde, un univers de justice. C'est la sève de la vie qui monte.

Je n'oublie pas, cependant, la leçon que m'a donnée Gérard Miller lors d'une émission télévisée où j'étais l'invitée de Michel Drucker. Il me reprochait de ne considérer que le côté positif du monde, de me complaire dans une joie artificielle. Lui, durant la Shoah, avait perdu 90 % des siens... Je lui ai dit qu'il avait raison. Je n'oublie pas non plus le visage de Jean-Louis, mort à Lourdes dans un excès d'alcool. Dans sa poche, une image de la Vierge et une photo de moi que je lui avais dédicacée. Avais-je su l'entourer d'assez de tendresse ? Avait-il pu évoquer en mourant la mère du Bel Amour qui l'attendait au ciel ?

Il faut encore aller plus loin et me laisser envahir par la Passion du Christ souffrant, celle d'une humanité écrasée. Aurais-je peur de cette marée noire ? Le courage me manquerait-il pour entrer dans une communion plus intime avec Celui qui en est mort étouffé et avec mes semblables anéantis ?

Je veux pouvoir regarder en face ces terribles moyens d'écraser les autres que les trusts possèdent aujourd'hui, le chômage qui mène à la violence les populations des banlieues, la misère des peuples du Sud acculés par les prix dérisoires et fluctuants des matières premières.

Mais le mal n'est pas toujours triomphant et je ne veux pas oublier ces héros modestes et cachés à l'œuvre dans ce monde, leur action — qu'elle soit mystique ou pratique — contre toutes les formes d'esclavage. Je veux écouter aussi cette jeunesse débordante d'énergie sans faille et éprise d'un idéal de justice. Dieu n'est pas absent de ce monde. Il est présent, mais comme une semence cachée en terre. Le Christ pauvre ne choisit pas les moyens surhumains. C'est dans l'humble vie humaine, rien qu'humaine, que se joue le destin de notre humanité.

Chapitre VI

Le choix de Dieu

Où, s'interrogeant sur l'identité divine, on rappelle l'exigence chrétienne d'une option prioritaire pour les pauvres et on affirme la portée politique d'une charité véritable.

Dans ce livre, j'ai tenté de faire place à mes interrogations sur l'identité de l'homme et la source jaillissante de son bonheur. Pour moi, Jésus-Christ est la figure de l'homme. Dans le même temps, il révèle aussi Dieu. Qui donc est le Dieu de Jésus-Christ ?

Cette question est le leitmotiv d'un cantique que j'aime beaucoup :

Qui donc est Dieu, si démuni, si grand, si vulnérable ?
Qui donc est Dieu, pour nous aimer ainsi ?
Qui donc est Dieu, s'il faut pour le trouver un cœur de pauvre ?
Qui donc est Dieu, pour se livrer perdant aux mains de l'homme ?

Qui donc est Dieu, qui tire de sa mort notre naissance ?
Qui donc est Dieu, pour nous aimer ainsi ?

Dieu le Père, dans son exigence de justice, a choisi de se lier d'amour à part égale avec l'homme, l'homme dans sa faiblesse, l'homme opprimé. Telle est la figure de l'homme biblique, *Homo biblicus*, celui vers qui Dieu se tourne au cours de l'histoire du salut.

Homo biblicus

La Bible, en effet, montre ce penchant constant de Dieu pour tout homme qui souffre en quelque manière que ce soit, le petit, le faible, l'impuissant. C'est en tant que pauvre que Dieu le rejoint. Au cœur même de sa pauvreté, il jouit alors d'une valorisation qui l'investit corps et âme.

Voici d'abord Abraham. Le père des croyants entend un jour cette redoutable injonction divine : « Quitte ton pays, ta parenté et la maison de ton père » (Genèse **12** 1). Il nous est impossible, à nous hommes d'aujourd'hui en perpétuel voyage, de saisir la portée de cet ordre tranchant. Il y a quelque quarante siècles, s'éloigner de sa terre, de sa tribu, de son clan, c'était s'aventurer et risquer la mort. Pourtant, Abraham partit, « ne sachant pas où il allait ». Plus encore, il lui apparaît, selon une coutume de l'époque, devoir immoler en sacrifice le fils bien-aimé de sa vieillesse, Isaac. Abraham atteint le pic nu de la montagne de Dieu. Il accepte de perdre son unique richesse, sa descendance. Il va mourir dans la stérilité, la honte, et disparaître dans le néant. Mais Dieu répugne au sang versé ! Un ange arrête le couteau brandi au-dessus de la tête de l'enfant. Abraham pauvre, dépouillé, devient soudain le patriarche enrichi d'une postérité aussi nombreuse que les étoiles du ciel. Abraham l'expatrié, Abraham qui crut et accepta de tout perdre, devient « le père d'une multitude de peuples » (Genèse **17** 4).

Beaucoup plus tard, lorsque Dieu envoya le prophète Samuel pour consacrer un roi parmi les fils de Jessé, celui-ci en présenta sept. Malgré ses droits et « la hauteur de sa taille », l'aîné ne fut pas choisi, ni aucun des six autres. En effet, « l'homme regarde à l'apparence, mais le Seigneur regarde au cœur » (I Samuel **16** 7). Le huitième fils, David, avait été écarté *a priori*. Il fallut l'envoyer chercher « au pâturage, derrière les brebis » où on l'avait laissé (I Samuel **7** 8). C'est pourtant lui, le petit dernier, que le prophète oint de l'huile de la royauté. Lorsque Goliath, le colosse armé et sûr de sa force, s'avance à la tête des Philistins pour anéantir Israël, c'est encore le petit David qui marche sans peur contre lui, seul et sans armes. Sûr de l'aide de Dieu, soutien des faibles, il brandit sa fronde et d'un petit caillou atteint au front le géant qui s'effondre. C'est à David que l'on attribue les Psaumes : Juifs et chrétiens les chantent encore dans leurs offices liturgiques. C'est de la descendance de David, le « petit » pâtre, que naîtra Jésus, le Christ.

Jésus ne naquit pas dans une cité célèbre. Ni Rome ni Athènes n'ont attiré le choix de Dieu, mais une bourgade quelconque, Bethléem. C'est pareillement une jeune inconnue, la petite Marie de Nazareth, qui sera l'élue et chantera un des cantiques les plus révolutionnaires de la Bible (Luc **1** 47-56) :

Le Seigneur a jeté les yeux sur l'abaissement de sa servante.
Il a renversé les potentats de leurs trônes et élevé les humbles.
Il a comblé de biens les affamés et renvoyé les riches les mains vides.

Je ne me rappelle plus dans quel pays d'Amérique du Sud le potentat qui gouvernait l'État avait défendu de chanter dans les églises ces paroles du Magnificat : à ses yeux, elles étaient trop subversives ! On ne le souligne peut-être pas assez : la jeune Vierge qui conteste les puissants et valorise les faibles trouve son inspiration dans la grande tradition biblique de l'Ancien Testament. Marie est comme l'apogée de la longue chaîne des *anawîm*, les humiliés, les pauvres du Seigneur, ses privilégiés.

Pauvre et en danger, elle l'est, en effet : que son fiancé Joseph vienne à dénoncer publiquement sa grossesse, et c'est la mort ; elle périrait lapidée, châtiment de la femme adultère. Pourtant, elle ne s'en trouble pas : ce qui est en elle vient de Dieu. Pacifiés au sein même de leurs faiblesses, les *anawîm* acceptent avec sérénité de s'alléger de leur toute-puissance. Leur nudité devient solidarité : tous les impuissants sont leurs semblables. Voilà leur richesse aux yeux du Très-Haut. C'est ainsi que la Vierge de Nazareth devient pour les siècles le modèle de Celle qui n'est rien que pur accueil de Dieu, recours des souffrants.

Cette « politique divine », le choix de l'humilié, nous paraîtra toujours un mystère, à nous perpétuels enfants fascinés par tout ce qui brille. Nous ressemblons tous à cette adolescente que je vis un jour, dans la cour de récréation de Tunis, se précipiter vers un objet qui étincelait par terre. Elle se penche, le saisit et, dépitée, le laisse retomber : c'était un morceau de verre cassé qui flamboyait au soleil ! C'est un autre genre de flamboyance, d'une valeur autrement précieuse, qui attire le Seigneur.

Je crois que nous devons chercher encore plus profond. Le pasteur Bonhoeffer, emprisonné par Hitler, abandonné de la terre et du ciel, se trouve alors confronté à un Dieu absent : laisse-t-il écraser l'innocent ? Le cri de Jésus devient le sien : « Mon Dieu, mon Dieu, pourquoi m'as-tu abandonné ? » Pourquoi, Seigneur, Père tout-puissant ? Dieu de justice et de miséricorde, où es-tu ? Bonhoeffer creuse, il cherche dans la solitude de sa cellule, au milieu des cris de ceux que l'on torture. Sa correspondance révèle sa descente aux enfers où, enfin, il trouve Dieu. Non pas le Seigneur des armées, le suprême potentat triomphant, mais le Père qui a choisi Jésus-Christ sauveur du mal. En lui, Dieu a pris toute la condition humaine. En Jésus, il a accueilli à la fois son énergie et sa faiblesse. Depuis lors, l'oppression et même la mort portent en elles la possibilité de la résurrection. Bonhoeffer finit par accepter sa propre mort, unie à la Passion du Christ, prémices de vie éternelle. Au plus atroce de l'existence terrestre, il découvre un mystère d'amour. « L'abîme appelle l'abîme au son des cataractes » (Psaumes **42** 8) : l'abîme de la déréliction appelle l'abîme de la salvation au son des cataractes de l'Amour. C'est un torrent dont la source est divine. « Ô abîme de la richesse, de la sagesse et de la science de Dieu ! Que ses voies sont incompréhensibles ! » (Romains **11** 33.)

Quand j'ai envie de donner des conseils à Dieu et de lui lancer des pourquoi et des comment, je me répète de temps en temps cette phrase. J'essaie ainsi de calmer mon cerveau qui entre si facilement en révolte. Car enfin, qui suis-je pour me planter sur mes ergots devant la science infinie de Dieu ? Moi, j'aurais choisi d'abattre les méchants pour les empêcher de faire souffrir les bons. Et j'aurais, du même coup, anéanti la liberté des hommes pour en faire des robots ! Ce n'est pas là le choix de Dieu.

Qui donc est Dieu qui nous respecte ainsi, qui envoie son Fils non pour dominer mais pour subir et partager la condition des pauvres, jusqu'à la montée au Calvaire et les outrages de la croix ?

L'option préférentielle pour les pauvres

Le Dieu du christianisme a donc choisi de faire alliance avec les pauvres. Plus encore, il s'est fait pauvre lui-même, a choisi la faiblesse comme moyen d'action. Pour cette raison fondamentale, la foi chrétienne rend nécessaire une option prioritaire pour les pauvres. Ses combats, même pour les plus nobles causes, ne peuvent que revêtir les atours de la pauvreté.

Certes, la tentation d'une Église puissante et riche, voire dominatrice, existera toujours. Ne doit-elle pas mettre les plus grands moyens au service de son apostolat, pour la conversion et le salut des hommes ? Une spiritualité plus évangélique, axée sur une vie dépouillée au service des plus délaissés, nous montre pourtant la seule voie possible, la seule voie féconde aux yeux de Dieu, la seule voie qui porte en elle des germes d'éternité.

Cette voie fut celle des chrétiens des premiers siècles, mais il est vrai que, après la conversion de Constantin au christianisme, l'Église s'enrichit et devint une puissance. De la tentation de la puissance résultent toutes les dérives : excès de domination, inquisition, lutte contre les autres religions. Faisant mémoire des fautes commises, Jean-Paul II appelle à la repentance, la repentance de toute l'Église catholique et de chaque chrétien, membre d'une communauté pécheresse et pécheur lui-même.

Bien sûr, à travers les siècles, des ordres religieux ont été fondés sur le modèle des premiers chrétiens qui « n'avaient qu'un cœur et une âme. Nul ne disait sien ce qu'il lui appartenait, mais entre eux tout était commun. On distribuait à chacun selon ses besoins » (Actes des Apôtres **4** 32-34). Dans ce souffle primordial toujours renouvelé, l'Église est restée la source d'œuvres caritatives innombrables : création des hôpitaux (Hôtel-Dieu), organisation de l'aide aux plus pauvres (Vincent de Paul), promotion des écoles populaires (Jean-Baptiste de La Salle), développement des foyers pour vieillards (Petites Sœurs des pauvres), intérêt prioritaire pour ceux qui sont au fond de l'abîme. Aux rebuts de la société, Mère Teresa de Calcutta restituait le respect et la dignité auxquels ils ont droit.

Aujourd'hui, des bénévoles s'avancent partout. Je connais bien, entre autres, les communautés de l'Emmanuel (6 000 jeunes) et de Sant'Egidio (7 000 jeunes) : chacun garde sa place dans la cité, consacre chaque jour un temps à la prière, tout en étant responsable d'une activité sociale.

À ceux qui prétendent que l'Église ne change pas, je réponds ceci : je suis vieille et, durant le siècle dernier, j'ai vu sa marche en avant. Elle a choisi non plus le triomphalisme, mais l'action de plus en plus engagée en faveur des laissés-pour-compte. Le prosélytisme a cédé la place au respect et au dialogue. Le mot du célèbre biologiste Pasteur est en grande partie vécu : lorsque je rencontre un homme en difficulté, je ne lui demande pas quelle est sa religion ou sa nation, mais ce que je peux faire pour lui.

Il faut cependant le reconnaître : l'esprit de domination fait partie intégrante de la personne humaine.

Il habite toutes les institutions et toutes les religions, sans exception. La lutte pour « une Église servante et pauvre », demandée au concile Vatican II, ne sera jamais finie. L'Église sera toujours habitée par une contradiction interne. Comme chacun, je dois régulièrement me remettre en question. La recherche du règne de Dieu sur cette terre exige d'avoir un cœur de pauvre. Comme je sens le mien porté à se durcir, toujours trop insensible à la douleur des autres !

Par souci de vérité, je dois le répéter : les forces du mal et de l'injustice me paraissent parfois tellement fortes et Dieu tellement lointain, tellement absent, qu'il est des heures où je suis tentée de baisser les bras. Mon action est-elle autre chose qu'une goutte perdue dans l'océan ? Seigneur, où es-tu ? Que fais-tu ? Je chancelle ! J'en appelle à ta force : « Aide-moi à m'atteler à cette lutte sans fin pour la justice, aide-moi à comprendre que c'est elle qui nous fait entrer dans l'éternité. » Je reprends comme un refrain les paroles du Christ : « Mon royaume n'est pas de ce monde. » Les Juifs attendaient du Messie une libération et la restauration d'un royaume terrestre. Tel un héros, il devait écraser la domination romaine et faire d'Israël le vainqueur du monde. Finalement, d'une manière adaptée à mon temps, n'ai-je pas moi aussi une semblable aspiration ? Je voudrais tant que, une bonne fois pour toutes, les potentats soient renversés et que justice soit rendue aux opprimés !

Mais c'est une tout autre vision que propose le Christ. Quand il eut nourri 5 000 hommes avec 5 pains et 2 poissons, se rendant compte que la foule transportée d'enthousiasme voulait « s'emparer de lui pour le faire roi, il s'enfuit dans la montagne tout seul » (Jean **6** 15). Comme il est bon de relire ce passage de l'Écriture ! Il ouvre des perspectives non pas humaines, mais divines. Jésus n'est donc pas envoyé pour être une puissance de ce monde, un grand monarque. Il n'écrase pas, mais veut libérer l'humanité. Il est le messager de l'amour du Père. Par amour, il s'incarne et partage le sort des hommes. Dans cet acte même de mise en commun, à la vie, à la mort, il devient l'agent de leur relèvement. Par amour, il instaure le partenariat entre Dieu et l'homme, il choisit la liberté de l'homme et sa responsabilité personnelle plutôt que de lui imposer quoi que ce soit, fût-ce son propre bien. « Livré perdant aux mains de l'homme », il sait, Lui, que l'amour est plus fort que la mort. De par son essence même, il transcende ce qui s'anéantit, il est éternel. Il semble absent du monde mais n'en disparaît pas : il est présent en toute personne qui aime et promeut la justice.

Dans ce combat, dans la lutte avec et pour les pauvres, nous transcendons en effet les forces périssables du mal. La justice, elle, contient un germe d'éternité. Sa marche incessante pour instaurer le beau, le bien, le vrai, épouse les pas de Dieu, sa manière d'être et d'agir. L'Apôtre Jean résume de façon lapidaire cette dynamique christique : « Nous savons, nous, que nous sommes passés de la mort à la vie, parce que nous aimons nos frères » (I Jean **3** 14).

Tu sens en toi et autour de toi les germes du mal et

de la mort, tu veux être vivant : aime ! Sans que nous nous en doutions, sans qu'il soit besoin de croire, la nature de tout amour véritable est divine. La force qui nous fait refuser de fermer nos entrailles, la force qui nous entraîne dans un sursaut de justice vers le frère souffrant est force de résurrection.

Pour moi, je reprends sans cesse ce thème de la résurrection car seul il me permet de trouver un sens à notre bref et difficile passage sur terre. Ce qui me paraît merveilleux, c'est que Dieu ne m'abandonne jamais. À travers ma foi si fragile, mes doutes sans cesse renaissants, chaque fois, sans aucune exception, son souffle vivant me ressaisit et je repars sur l'étroit chemin de la confiance.

Charité ou politique ?

Bien souvent, lorsque je hurle les méfaits de l'injustice, lorsque je clame la nécessité de la lutte avec et pour les pauvres, de bonnes âmes me donnent le conseil suivant : « Ma sœur, faites la charité, mais pas de politique ! » Je ne fais pas de politique au sens courant du terme, mais je cherche à éveiller les consciences sur l'injustice vécue dans la cité, je pousse les jeunes et les moins jeunes à se lancer dans les instances nationales et internationales pour batailler et s'unir à tous ceux qui n'acceptent pas que des pauvres soient humiliés et que des peuples aient faim.

La nature de l'homme est sociale et fraternelle. C'est dans l'ordre politique, celui de la relation entre les hommes, entre les peuples, que se jouent et le bonheur de l'homme et le projet de Dieu. L'unité fraternelle terrestre vise à reproduire l'image de la communion céleste dans l'amour trinitaire. L'icône de la *Trinité* de Roublev l'évoque magnifiquement. Tout y est courbe et douceur, penchant vers l'Autre. Vers une coupe, posée sur la table, convergent les mouvements du tableau. Elle contient un agneau immolé. En pleine éternité, l'univers à sauver est présent. Sur l'invitation du Père, le Fils va entrer dans notre chair, notre souffrance, notre mort. Sous la motion de l'Esprit d'amour, il va nous emporter dans sa remontée vers la communion divine. L'humanité opprimée prend place au banquet de la Trinité bienheureuse.

Lorsque les sentiments de charité se font « politiques », au sens noble et large du terme, lorsque les mots d'amour et de justice se traduisent en actes, s'engage alors une éthique divine. C'est véritablement entrer là dans le choix de Dieu. À l'inverse de « politiques » qui, à travers des pratiques contestables, cherchent la victoire d'intérêts personnels, le pouvoir de quelques-uns sur les peuples, la domination des uns sur les autres, le message qui parcourt la Bible implique une politique divine, une vision politique d'ordre spirituel.

Les prophètes d'Israël ne craignent pas l'impopularité quand il s'agit de combattre l'injustice des puissants. Parmi bien d'autres, écoutons Amos s'écrier :

« Ils ne savent pas agir avec droiture — oracle de Yahvé — ceux qui entassent violence et rapine en leurs palais. [...] Écoutez cette parole, vaches de Bashân qui êtes sur la montagne de Samarie, qui exploitez les faibles, qui maltraitez les pauvres, qui dites à vos maris : "Apporte et buvons." Voici que des jours viennent sur vous où l'on vous enlèvera avec des crocs ! » (Amos **3** 10 et **4** 1-2.)

Ils n'y vont pas de main morte, les prophètes ! Voici Osée : « Écoutez la parole de Yahvé, enfants d'Israël, car Yahvé est en procès avec les habitants du pays : il n'y a ni fidélité, ni amour, ni connaissance de Dieu dans le pays, mais parjure et mensonge, assassinat et vol, adultère et violence, et le sang versé succède au sang versé. Aussi le pays est en deuil, et tous ses habitants dépérissent jusqu'aux bêtes des champs, aux oiseaux du ciel et même les poissons de la mer disparaissent ! » (Osée **1** 1-3.) La leçon est claire : la justice appelle le bonheur, tout genre d'oppression est germe de malheur. « Opprimer le pauvre, c'est outrager le Créateur » (Proverbes **14** 31). Langage fort de ceux qui parlent au nom de Dieu ! Ils risquent la prison, l'exil, la mort. Peu importe, il faut crier la vérité comme le fit le Christ. En s'élevant contre la classe dirigeante, il savait qu'il risquait sa vie. Mais, quand le souffle de l'Esprit habite un homme, il n'a peur de rien et même pas de la mort.

La plupart d'entre nous, « bons » chrétiens, n'avons-nous pas perdu ce souffle de tempête ? Prudence, pas d'histoires ! Le langage tenu aujourd'hui est trop modéré pour soulever le monde. Où entend-on aujourd'hui le verbe audacieux d'un saint Jean Chrysostome devant la cour de Constantinople : « Malheur à vous qui laissez pourrir vos vêtements cousus d'or dans vos coffres tandis que le peuple reste nu » ? Où entend-on l'exclamation d'un saint Basile : « Vous volez aux pauvres tout ce que vous gardez en surplus » ?

Est-ce faire de la politique, que de dire cela ? Il n'est pas inutile, certes, de « faire la charité ». Beaucoup y sont appelés. Il faut plus encore s'attaquer à la cause du mal. Or celle-ci est politique : elle concerne des systèmes sociaux et économiques, à l'intérieur des nations comme entre les nations. L'ignorer serait s'éloigner de la tradition prophétique. Sans cesse, elle s'attaque à la tête de l'hydre toujours même et chaque fois différente au cours des siècles : les structures oppressives que les puissants instaurent pour saigner les pauvres gens. Par la bouche des prophètes, c'est Dieu qui s'insurge : « Ils mangent mon peuple, voilà le pain qu'ils mangent ! » (Psaume **14** 4.) Qui voudra donc entrer dans cette insurrection divine ?

Conclusion

L'exultation

Sans avoir toujours, moi non plus, le courage du langage des prophètes, sans épouser toujours, moi non plus, la sagesse de la patience divine, je voudrais m'adresser à ce que l'homme comporte de plus essentiel, là où l'humain rencontre le chrétien et, vice versa, là où riches et pauvres se retrouvent frères.

Ce n'est pas ton compte en banque, ta réussite en affaires, ni l'accumulation de ta science qui font ta valeur, ô homme, mais ta nature originelle et personnelle, cette soif d'être toi, un être unique, cette soif d'épanouir ton intelligence, ton cœur, ta volonté, hors de toute pression extérieure.

Le mode de vie occidental te pousse à paraître beau, riche, séducteur, taillé sur le modèle de telle ou telle star. La pub n'arrête pas de faire miroiter à tes yeux l'illusion d'un enrichissement matériel, physique, intellectuel, affectif. Malheureusement, il ne te permet que de vivoter en n'épanouissant que la couche la plus superficielle de toi-même. Tous, entraînés dans la même galère illusoire, nous voilà coupés de nous-mêmes, fragilisés par cette obligation constante de représentation. Nos cœurs demeurent insatisfaits, nos bouches gardent un goût de cendre. On est mal dans sa peau, rien n'a plus de sens. Finalement, que l'on soit arrivé ou non à atteindre le *look* dont on rêve, on reste pauvre en valeur personnelle, assoiffé d'une vie authentique où l'on ne serait plus calqué sur d'autres, mais enfin riche de soi.

Seule la recherche du bien commun confère à l'homme sa richesse d'être. Il me semble qu'il s'agit d'abord de prendre conscience, d'ausculter cette perte de quiétude, ce vide, ce manque de joie. Il est alors possible de prendre le virage, une direction contraire à la recherche de la brillance superficielle, intéressée, éphémère. Il est alors possible d'ajouter une note de gratuité, de choisir une forme de pauvreté dans sa vie. Le but n'est plus de s'approprier toujours plus, de pomper tout ce qu'on peut chez l'autre pour s'engraisser soi-même, mais de se *désapproprier* de la partie la plus artificielle de soi, de laisser jaillir son cœur profond, ce cœur qui trouve plus de bonheur à donner qu'à recevoir. Car s'ouvrir à l'autre, se pencher vers lui, c'est répondre à sa nature propre et s'accomplir au maximum. Le cœur chante de joie quand il éclate pour son semblable.

L'appauvrissement de l'ego grâce à de petites actions quotidiennes devient donc un enrichissement immédiat du meilleur de soi. La question n'est pas de rejeter richesse, beauté, intelligence : elles ont leur valeur propre mais secondaire. Il faut seulement ne pas leur donner une place prépondérante qui oblige à annihiler l'autre. Dans le même ordre d'idées, il est légitime en soi de répondre à l'appel de ses sens. Je repense seulement à la maxime de ma Bonne-maman : « Les bonnes choses sont pour les bonnes gens... dans une bonne mesure. » La mesure à garder, voilà le problème. S'accorder les plaisirs qui sont bons, pourquoi pas, à la condition de savoir qu'ils nous laissent sur notre faim.

C'est le moment du paradoxe. À l'instant même où nous refusons l'accumulation des plaisirs, la satisfaction de nos intérêts particuliers, pour combler ce qui manque à nos frères et sœurs en humanité, nous comblons le vide de notre âme. Nous sommes enrichis de ce qu'il y a de plus sacré en nous. Nous expérimentons une ascèse de bonheur. Celui qui accepte de laisser tomber certaines séductions passagères épanouit en lui ce qui éternise l'homme. Il a dépassé le monde qui passe, celui de l'illusion et de l'ego. Il entre dans le monde qui demeure, celui du Don, celui de Dieu.

En retrouvant leur nature originelle d'hommes relationnels, d'animaux politiques, riches et pauvres arrivent alors à se reconnaître frères, prêts à échanger leurs valeurs mutuelles. « Il ne s'agit point, pour soulager les autres, de vous réduire à la gêne. Ce qu'il faut, c'est l'égalité. Dans le cas présent, votre superflu (matériel) pourvoit à leur dénuement (matériel), pour que leur superflu (spirituel) pourvoie aussi à votre dénuement (spirituel). Ainsi se fera l'égalité » (II Corinthiens **8** 14).

Si tu veux prendre ta véritable dimension, acquérir ta stature d'homme, avance au large, ouvre ta voile au vent vers les îlots de détresse, écoute l'appel de tes frères et sœurs humains. Offre-leur d'abord un regard d'amitié, une écoute chaleureuse, une main tendue. Entre d'abord en relation. Quelles que soient tes capacités, ta fortune abondante ou minime, partage ton pain et ton cœur selon tes possibilités. Ne crains pas de t'appauvrir des biens extérieurs, mais donne à ceux qui sont douloureusement plus privés que toi. Ce choix fera de toi un vivant. Que tu le saches ou non, quand ta main est large ouverte, quand ton cœur irradie l'amour, tu mets librement en ce monde quelque chose d'éternel.

Nous, les humains, nous avons tous besoin d'éclairs qui illuminent notre existence. Les heures d'exultation habitent nos mémoires comme un enchantement. La source en est différente pour chaque individu. Elle jaillit d'un succès enfin acquis, d'un rêve enfin réalisé, d'un amour enfin conquis. J'ai rencontré une telle exultation combattante chez ceux qui, à force de s'acharner, arrivent à aider d'autres humains à émerger de leur pauvreté matérielle ou morale.

Il y a quelques mois, j'en ai fait une fois de plus l'expérience. Un homme vient me voir, au bord de la dépression, en proie à des problèmes accablants. Que dire ? Que faire ? Soudain, une inspiration : « Ne t'occupe plus de toi ! Un convoi s'organise pour porter secours à un orphelinat en Roumanie où souffrent trois cents enfants. Pars ! » Je lui donne une adresse et un numéro de téléphone. Il décide de jouer le jeu, il travaille trois mois d'arrache-pied avec des copains pour accumuler provisions, vêtements, jouets à bord de trois camionnettes. Au retour, les sept amis m'invitent. Décrire leur joie est difficile : elle irradiait leur visage, leur être tout entier. Et pourtant, ils avaient roulé vingt-quatre heures sur vingt-quatre pendant trois jours, parfois sur des routes impossibles, attendant dans le froid pendant des heures aux frontières, avançant la nuit, harassés et assoiffés, sur des chemins infestés de bandits. Mais quand ils ont vu l'allégresse des enfants enfin gâtés, aimés, respectés, leur cœur a bondi à l'unisson. Quant aux problèmes personnels, ils se sont évaporés comme neige au soleil.

Je m'adresse une fois encore à chacun de vous, lecteurs et lectrices, comme à des amis, de bons copains auxquels je souhaite tant une vie merveilleuse, quelles qu'en soient par ailleurs les difficultés. Voici donc, sans crainte de me répéter, mon dernier message.

Dans la mesure où tu te couleras dans l'amour qui est partage, où tu te dépouilleras de ton superflu pour les plus misérables, dans cette mesure même tu goûteras la richesse de la pauvreté. Tu seras un homme, un frère, un dieu, car tu seras à l'image du Christ qui est passé sur terre pour apprendre à l'homme à aimer. Je te l'affirme pour l'avoir expérimenté en moi et en une foule d'autres, tu avanceras sur un chemin passionnant, formidable, où ton cœur tressaillira de bonheur.

Puissions-nous tous, à travers ombres et clartés, avancer la main dans la main sur la route de la fraternité. Elle est le chemin qui comble le cœur de l'homme. Elle est le chemin qui comble le cœur de Dieu. Elle est exultation.

Yalla, en avant, frères et sœurs !
La vie est belle

quand on aime.

Votre sœur Emmanuelle

Remerciements

J'ai voulu que le nom de l'abbé Philippe Asso soit associé au mien pour cet ouvrage. Sans son insistance, je n'aurais pas osé me lancer dans un sujet aussi paradoxal que difficile. Sans l'aide de ses conseils et de la révision à la fois technique et amicale du texte, je n'aurais pas pu déployer ma perception du problème.

Je lui en garde une profonde reconnaissance.

Table

Introduction : Au cœur du paradoxe 7

Chapitre I : Scandale de la pauvreté 13
Hurler ! 14
Distinguer 16
Comprendre 29

Chapitre II : Lutte avec et pour les pauvres ... 45
Respecter l'homme 46
Travailler en relais associatifs 54
Choisir le bien commun 62
Être personnellement responsable 68

Chapitre III : Richesse de la pauvreté 77
Pauvreté de la richesse 78
Richesse de la pauvreté 82
L'échelle du bonheur 95

Chapitre IV : Choisir la pauvreté 107
Figures de pauvreté 108
Libération ! 112
Pauvreté, chasteté, obéissance 116

Chapitre V : Rencontre avec le Christ pauvre . 125
Voici l'homme ! 126
Mystique de l'action 134
Sans domicile fixe 138

Chapitre VI : Le choix de Dieu 143
Homo biblicus 144
L'option préférentielle pour les pauvres 149
Charité ou politique ? 153

Conclusion : L'exultation 157

Remerciements 163

Achevé d'imprimer par GGP Media, Pößneck
en octobre 2002
pour le compte de France Loisirs
Paris

N° d'éditeur : 37717
Dépôt légal : juillet 2002

Imprimé en Allemagne